共和国航天往事

《中国航天报》 编著

中国宇航出版社
·北京·

图书在版编目（CIP）数据

共和国航天往事 /《中国航天报》编著. --北京：中国宇航出版社，2020.9

ISBN 978-7-5159-1846-4

Ⅰ.①共… Ⅱ.①中… Ⅲ.①航空航天人员—访问记—中国 Ⅳ.①K826.14

中国版本图书馆 CIP 数据核字(2020)第 163864 号

责任编辑 马　喆　　**装帧设计** 宇星文化

出版发行	中国宇航出版社		
社　址	北京市阜成路 8 号　**邮　编** 100830	**版　次**	2020 年 9 月第 1 版
	(010)60286808　(010)68768548		2020 年 9 月第 1 次印刷
网　址	www.caphbook.com	**规　格**	787×960
经　销	新华书店	**开　本**	1/16
发行部	(010)60286888　(010)68371900	**印　张**	20.25
	(010)60286887　(010)60286804(传真)	**字　数**	250 千字
零售店	读者服务部	**书　号**	ISBN 978-7-5159-1846-4
	(010)68371105	**定　价**	60.00 元
承　印	三河市君旺印务有限公司		

本书如有印装质量问题，可与发行部联系调换

《共和国航天往事》
编委会

序

Preface

无论我们走得多远，都不能忘记来时的路。

新中国成立时，老一辈科学家如何冲破艰难险阻回到祖国，为开创航天事业呕心沥血；我国两弹结合飞行试验经历了怎样的曲折；三年自然灾害时期，科研人员如何克服困难，夜以继日地刻苦攻关；为了第一颗“中国星”，他们走过怎样激情燃烧的岁月；静止轨道上的“丰碑”指的是哪颗卫星；“归零”是从何而来的；长征火箭的首飞和“走出去”有哪些故事……

翻开《共和国航天往事》这本书，你都可以找到答案。在书中，你可以跟随中国航天报社记者的脚步，从近百位亲历者或相关人员的口中感受一段段尘封的航天往事；在书中，你还可以接触到数十位平凡的航天人和航天家庭，品读他们个人与家庭、家庭与国家共同发展的故事，体悟航天人在共和国历史进程中的自我奋斗与家国情怀。

看似寻常最奇崛，成如容易却艰辛。平实的语言、独特的视角、深厚的情怀，《共和国航天往事》一书娓娓讲述了一个又一个感人至深的航天故事，勾勒出朴实、真诚而又可爱的航天人群像，生动再现了我国航天事业发展的光辉历程。当我读到这本书时，作为有幸亲历并见证其中的一员，往事历历在目，回忆情真意切，我为中国航天事业波澜壮阔、硕果累累的辉煌成就感到自豪与骄傲。

岁月如歌，丰碑永驻。希望你能够通过阅读这本书，真正走进那段时光里，见证航天人与共和国同呼吸、共命运所走过的风雨历程，感受他们崇尚科学、探索未知、敢于创新的昂扬精神，不断坚定“探索浩瀚宇宙，发展航天事业，建设航天强国”的初心信仰，大步踏上“敢于战胜一切艰难险阻，勇于攀登航天科技高峰”的无畏征程。

如今，“东方红一号”已在太空遨游50年，“北斗三号”正式向全球用户提供服务，风云卫星、遥感卫星全面业务化；探月三期工程收官在即，行星探测大幕启动，中国的空间站蓄势待发……这一代航天人，依然满腔热忱，依然朝乾夕惕，依然踔厉奋发。我坚信，航天“三大精神”必将薪火相传，他们可以创造更加辉煌的未来，让中国人探索太空的脚步迈得更稳、更远。

刘纪原

目　录

Contents

第一章　航天往事

第二章 岁月如歌

第三章 家国记忆

第一章 航天往事

1949，归去来兮

◎ 陈　立 / 胡蓝月

1955 年，大连工学院的王希季副教授准备和妻子聂秀芳一起去上海工作。后来，他主持了新中国第一枚液体探空火箭的研制工作。

1955 年，梁思礼博士去越南援建“越南之声”广播电台。这是他到邮电部工作的第六个年头。从越南回来后不久，梁思礼参与制定了新中国第一个中长期科技规划《1956—1967 年科学技术发展远景规划纲要》(“十二年规划”)。

1956 年中国航天事业创建后，王希季成为卫星与返回技术专家、“两弹一星”功勋奖章获得者，梁思礼成为火箭控制系统专家、导弹控制系统研制创始人之一。他们都曾是散落大洋彼岸的星火，纷纷扑向华夏，燃烧自我，照亮新中国前行的道路。很多海归科学家都在“十二年规划”及“两弹一星”工程中发挥了重要作用。

历史的风云际会中，他们的命运，体现在对政治与科学、东方与西方、个人与家国相互交织的选择之中。

远离战争

天津意租界西马路 25 号，这儿有新旧两幢楼房。新的那幢两层半小楼是梁启超先生的书房“饮冰室”。蔡锷将军的肖像挂在镶有彩色玻璃圆顶的前厅中，他是梁启超的得意门生，也曾是梁思礼少年时期心中的英雄。

1929 年，梁启超病逝，家里经济随即陷入困境，最小的孩子梁思礼不满 5 岁，生活重担落在梁启超的遗孀王桂荃肩上。她坚持把每个孩子抚养成人、帮助他们完成学业，直至最小的梁思礼 1941 年赴美留学。

天津解放后，王桂荃庆幸饮冰室在战争中完好无损地保住了。有一枚炮弹曾砸到院中的沙包上，旁边是两桶汽油，但没有爆炸。饮冰室的院子里还一度堆满了国民党军队的手榴弹、枪支。当时，国民党士兵使用的包括马克沁重机枪在内的许多制式装备，都出自 21 兵工厂（著名的金陵兵工厂西迁重庆后更名而来）。

云南昆明，一个白族小伙子从近代中国最为传奇的象牙塔西南联大走出，炮火纷飞中，他选择了进入 21 兵工厂云南安宁分厂工作。

这位与中国共产党同龄的年轻人叫王希季。他毕业后决定放弃向往已久的热电厂，“到兵工厂工作是为了打日本，雪国耻”。

抗日战争胜利后，兵工厂即将迁回繁华的南京，王希季却递上一纸辞呈。多年后他这样解释：国共内战烽火又起，与其让自己生产的武器对准同胞，倒不如坚持最初的理想。

不过，在昆明耀龙电力公司发电厂，王希季却没有得到重用，政府官员也顾不上民生基础设施建设。他认识到自己的想法过于天真了，出国深造的念头就此萌生。1948 年，在与女友聂秀芳正式订婚后，26 岁的王希季踏上了留学旅程。开往美国的轮船从上海码头启航，汽笛声穿云破雾。

王桂荃消瘦的身体和聂秀芳眷恋的目光，都留在了故土。

一个人在太平洋里游泳

17 岁的梁思礼刚到美国时，太平洋战争爆发，与国内的一切联系便中断了。“当时就像是，家里把他扔到太平洋，一个人游。”梁思礼的女儿梁红回忆。

来的时候，攥在梁思礼手里的生活费只有 100 多美元。“我能做的也就这些了，今后一切就靠你自己了，要记住国家还在蒙难。”王桂荃说。

在嘉尔顿学院学习期间，穷小子梁思礼课余时间到学校食堂洗盘子、当服务员。他还在罐头厂做工，饿的时候就吃流水线上的豌豆，把胃给吃伤了。假期，他会去学校唱片图书馆，躺在草地上听古典音乐。“他自幼就欣赏西方古典音乐。”姐姐梁思庄的女儿吴荔明说。

回头再看留学时的困苦经历，梁思礼认为“被逼”是消极的，但也有积极意义。人在被逼无奈时可以激发出巨大潜能，竭尽所能想办法、克服困难。

早在天津时，王桂荃就教育孩子们自己的事情自己做，并且放手让他们去实践。梁家子女 9 人个个成才，他们都独立自强。当然，也蒙父亲光环恩泽、名士帮扶，还有王桂荃遮风挡雨。

但如果要问，普通商贾家道中落是什么体验？王希季会说，少年已识愁滋味。

1931 年是中国的大灾之年，连日不断的暴雨引发特大洪水，云南商人王毓崑苦心经营的基业毁于一旦。王家大大小小十几张嘴都要靠王毓崑一人供养。排行第四的王希季，开始体验家庭靠典当度日的困顿。

按成绩算，王希季可以免试进入省立中学，可他却交不起学费。大表哥李嘉谟建议王希季读昆华工校的附属中学，将来升入工校能学一门技术，“饥荒三年，饿不死手艺人”，而且学校提供奖学金。

和贫困比起来，考试反倒成了简单的事儿。王希季以第一名的成绩走上了学技术的路。

毕业考试王希季还是第一名，顺利进入昆华高级工业学校土木工程科。读了一年，他又在同学吴承康的鼓动下，从职校考入国立西南联合大学工学院机械系。

天才的道路上，一路都是绿灯。不过这次不同以往，因为这是西南联大。

底色：西南联大与南开

在西南联大，让王希季“耿耿于怀”的是，机械学大师刘仙洲先生让他吃了第一个零蛋。在一次测验中，刘仙洲先生给出题目，要求计算准确到小数点以下三位数。王希季举起计算尺“唰唰唰”算完，但计算结果的小数点以下三位是根据计算尺估算的。

“刘先生给了我零分，让我终身受益。搞工程的人必须要坚持零缺陷。”今日，王希季对刘仙洲的教诲还牢记在心。成为航天专家的他，与“零缺陷”工程已经打了大半辈子交道。

西南联大注重对人综合素质的培养。杨振宁先生、许渊冲先生和王希季同届，大家一起上过国文课。许渊冲记得，钱锺书给他上课时才 28 岁，一口牛津英语，在第一课时就要求大家学习标准的伦敦音。

除了西南联大，张伯苓先生和南开，也是近代中国教育史上绕不开的名字。

十一二岁的梁思礼，正值人生观形成的时候。他在南开受了两年的教育，对他的影响颇大。

南开中学是著名教育家张伯苓在家塾的基础上创办的新学。他十分注重教育学生怎么做人，并且认为“强国必先强种，强种必先强身”。学校组建了网球、篮球、足球、排球、垒球、田径等运动队。在被日寇认定为“造成反日情绪与反日活动的中心”后，南开中学遭到轰炸，梁思礼在天津海河东岸，眼睁睁看着母校被夷为平地。

学校炸没了，同学们被吸纳到耀华中学读书，梁思礼开始和同学陆孝颐、陆孝劬、张克诚参加读书会，宣传进步思想。“在那个年代，大家都抱着一种思想，就是希望我们国家强大起来，为国家的强盛而奋斗。那时我们受到的教育就是这样的。”梁思礼说。

办厂报国

在弗吉尼亚理工学院，王希季很清楚自己想要什么。弗吉尼亚理工学院是全美唯一一所设有推进及动力专业研究生班的院校。这个专业，当时就是专为发电厂培养人才的。

按照教学安排，学生不仅要修完学分，还要到热力发电厂积累工作经验。王希季在学校时凌晨 1 点睡下，早上 7 点起床，在发电厂从锅炉工、加水工、电工、主机工、组长一直干到领班，最后可以独立全面地负责电厂 8 小时的工作。

他认为最受益的是学到了先进的管理方法，训练了从系统工程角度去看问题的思考方式。还没毕业，他已开始憧憬回国建设大型发电厂。

就在王希季到美国前的半年，梁思礼给自己南开初中、耀华高中的同窗好友陆孝颐写了一封信，字里行间也流露出想尽快回国创办工厂的强烈愿望。

不过，陆孝颐的回复在某种程度上改变了梁思礼的人生轨迹。陆孝颐说：“你想搞工业救国，但是大厦不能建在沙滩上。不从政治制度上解决问题，根本谈不上什么工业救国。”那时陆孝颐已是中共地下党员，身份保密，1947 年被党组织派遣出国深造，并做留学生思想工作。

梁思礼暂缓了回国办厂的计划，这一“变”，兴许让新中国少了一位优秀的企业家，却多了一位导弹、火箭专家。不变的，都是爱国救国。

梁思礼生前对父亲政治主张“一生多变”的看法——他（梁启超）不惜以今日之我战昨日之我，在不断的“变”里，爱国救国的宗旨和目的始终没变。他教我反复诵读的一句诗是“少小离家老大回，乡音无改鬓毛衰”——也印证了梁家人“共同胎记”的由来。

梁园虽好，非久居之乡

1949 年，国内传来消息，中华人民共和国即将成立。同年，王希季获弗吉尼亚理工学院科学硕士学位，梁思礼获辛辛那提大学自动控制专业博士学位。

随着麦卡锡主义影响的日益加深、冷战的加剧，中国留学生在美国的地位越来越尴尬。朝鲜战争爆发后，美国司法部移民归化局在 1951 年 10 月 9 日明令禁止中国留学生离境。

随着朝鲜战争的结束，被禁止回国的中国留学生开始写信、登报，将美国扣留他们的事情公开。终于，1954 年中美日内瓦谈判取得进展，美国政府解除了禁令。

梁思礼和王希季都是赶在禁令发出前，在留美科协等组织的帮助下启程的。25 岁的梁思礼特意购买了一台高灵敏度收音机带到船上。1949 年 9 月 30 日，梁思礼在“克利夫兰总统号”甲板上突然听到播音员正在介绍新中国国旗。于是，一群留学生用红墨水把白布染红，在黄纸上剪了一大四小共 5 颗五角星，贴到红布上，用这种方式来祝贺国家的新生。

次年 3 月，王希季也登上“克利夫兰总统号”邮轮。有人问他为什么不继续读博，他答：从我出生时起，国家就一直在混乱中。我出去读书时国家还处在战乱中，回来时中国大部已经解放，这对我来说很重要。

1949 年 9 月，梁思礼（前一）在旧金山登上“克利夫兰总统号”邮轮回国

“克利夫兰总统号”邮轮

1950年，王希季留学归国途中在“克利夫兰总统号”邮轮上

同在船上的还有华罗庚先生、朱光亚先生等人。华罗庚在船上发表《告留美人员的公开信》：“梁园虽好，非久居之乡，归去来兮……”

在那段海归历史中，还有这么一件事：1954年11月29日，从美国驶往香港的“威尔逊总统号”快到檀香山时，美国移民局找船上所有中国留学生谈话说，快到美国西部国境线最后一个口岸了，你们有没有人想留下？如果想，就在夏威夷下船。十几个人都不作声。

对于中国百年留学潮中最为特殊的那批人来说，他们经受过战乱，也出去看过世界，此时只有一个愿望：回家，回家，回家。

回到一个新的国家。

举国之力　白手起家

◎ 李淑姮

1956 年，对那一代科技工作者来说，是一个极其特殊的年份。

年初，中央在全国范围内发出了向科学进军的号召。“我们必须为发展科学研究准备一切必要的条件”，这样的真诚和信任，感染着每一位科技工作者。

这一年的除夕夜，中国人第一次用联欢会的方式庆祝春节。回到祖国才 3 个月的钱学森以空气动力学家的身份出现在公众视野中，这是 44 岁的钱学森在新中国度过的第一个新春佳节。

当时人们不知道的是，一项神秘而伟大的事业正在酝酿之中。

搜罗“最高级人员”

1955 年 10 月 8 日，经过中国政府的营救和艰苦斗争，钱学森终于冲破藩篱，重新踏上祖国的土地。

那时，中国大地发生了翻天覆地的变化。对钱学森来说，他感觉到中国的一切都是新的、充满希望的。钱学森曾回忆说，他第一次受到毛主席接见时，毛主席说得最多的就是新中国的建设事业需要大量的科技人才，希望他多多培养年轻人。

同年 11 月，钱学森踏上了考察东北的行程。这其中发生的一段插曲，不仅改变了钱学森的事业轨迹，也为新中国的导弹事业按下了启动键。哈尔滨军事工程学院在当时是一所神秘的大学，中共中央调集各方力量和资源创办了这所特殊的院校。空军工程系、海军工程系、炮兵工程系……在时任院长陈赓大将的陪同下，钱学森回国后第一次对新中国军事院校的教学、科研情况有了直接了解。

导弹問題　（内部刊物，注意保存）
第一講　为什么要导弹

要了解为什么会有导弹出现，成为现代国防上必不可缺少的武器，我們先要講講飞机的发展历史。虽然在历史上、甚而至于在神话传说上已经有不少有关航空的记载和故事，但是真正大力发展航空事业还是比较近来的事，飞机的历史还不过五十年多一点罢了。然而在这五十多年中，变化是很大的，进展是很快的。我們从飞机的重要说起，也就是本世纪的初年说起。

我們都知道：飞机所以能飞是靠翅膀，有翅膀才有升力，才能抵消重力而使飞机离地飞起。所以如果L是升力而W是飞机的重量，那么

$$L = W \quad (1.1)$$

但是我們仔细想一想，这个升力是怎么来的？升力是由空气作用在翅膀上的压力得来的，也就是空气托着翅膀而不使翅膀被重力所拉下来。这也就是说，空气有一股力作用到飞机上，这股力是垂直向上的。那么依照牛顿作用和反作用的关係，我們也就知道飞机的翅膀也必定在压空气，使空气流向下方。现在我們就要把一般产生向下气流的窍

《导弹概论》手稿复印件

在这里，他不仅见到了罗时钧和庄逢甘两位老朋友，意外地见到了老同学梁守槃，还认识了一位沉稳且与他经历相似的年轻人，这个人就是时任哈军工炮兵工程系副主任的任新民。这四人都出现在钱学森后来草拟的“最高级人员”名单中。

“钱先生，您看我们能不能自己造出火箭、导弹来?”

“有什么不能的，外国人能造出来的，我们中国同样能造得出来，难道中国人比外国人矮一截不成?”

“好！钱先生，我就要您这句话!”

这段陈赓与钱学森在欢迎晚宴上的对话，后来广为流传。“就

这一句话，决定了我父亲这一生从事火箭、导弹和航天事业。”钱学森的长子钱永刚曾说。

钱学森面临着当年陈赓大将筹建哈军工时一样的处境，那就是从零开始。在周恩来总理的鼓励和建议下，1956 年 2 月 17 日，钱学森向中央呈递《建立我国国防航空工业的意见书》。

这份《意见书》提出了我国火箭导弹事业的组织草案、发展计划和具体实施步骤，其中几乎以一半的篇幅勾画了研制队伍建设的设想。

“问题是如何从约 15 个高级干部和 50 个年轻干部的人力中，以最迅速的方法，建立起我国国防航空工业的三部分：研究、设计和生产。”钱学森分析道。

作为“钱学森与中国航天”课题组成员，陈大亚和刘登锐等老同志依旧步履不停地进行着各项研究。谈起国防部五院成立初期的人才建设，刘登锐说：“钱老在《意见书》中列出的‘最高级人员’名单里，有他在美国时候的学生，也有他归国后见到的一些著名科学家，还有在东北考察时‘看上’的精英，都是他根据研制导弹火箭的需要挑出来的。”

国防部第五研究院旧址
（原华北军区 106 疗养院）

空气动力、航空结构、发动机、控制……可以看出，《意见书》里搜罗了当时国家在这些领域的佼佼者。

与此同时，钱学森还参与了《1956—1967 年科学技术发展远景规划纲要》的制定工作。他作为一名火箭技术专家主持，与王弼、沈元、任新民等人合作，完成了第三十七项《喷气和火箭技术的建立》的起草工作。

在钱学森的推动下，新中国把一批尖端科研领域锁定在世界最前沿。当时参与规划制定的一些科学家，如梁思礼、黄纬禄、郝复俭、吴展、张履谦等，后来也先后走进国防部五院。

从全国各地汇聚国防部五院

1956 年 9 月，北京前门火车站迎来了一批批从全国各地毕业的大学生，其中有 100 多名大学生被送到了位于北京西郊车道沟附近的一座医院里。“我们一行 5 人下了火车，坐上了筹备组派来的两辆三轮车。车夫蹬了 1 个多小时才把我们送到 466 医院。”86 岁的航天老专家陈奇妙对当年的事情记忆犹新。

同年 8 月 20 日，北京军区空军 466 医院、华北军区 106 疗养院和军委 124 疗养院刚刚经过中央军委批准，成为即将成立的国防部第五研究院最初的办公生活地点。

一路上，第一次来北京的陈奇妙并没太关注周围的景象，只想早点看看自己要去的到底是个什么单位。“9 月初我们报到时人还不多，当时医院的人还没完全撤走，以为我们是新来的‘高级病号’，照顾得很周到。”刚毕业的陈奇妙显然没有受到过这么好的待遇。

就在大学生们陆续报到的时候，国防部五院最初的骨干技术队伍张罗得却并不顺利。为了能从全国各地调集导弹研究需要的人才，周恩来总理给了钱学森“尚方宝剑”——只要是国防部第五研究院需要的技术专家和党政干部，都可以从工业部门、高校和军队中抽调。

但在当时，从全国高等院校、科研机构“要”人并不是件容易的事情，从“三座门”（军委办公地）内的那次会议便能略知一二。

这次会议召集了国务院有关部委、中国科学院、军队、高校等 33 个部门的有关负责人。出席者都明白发展中国的导弹事业事关重大，但毕竟他们也都面临着事业发展初期的艰巨任务，许多人面露难色。

“军队将尽一切力量大力支持。调哈军工 5 名教授，照给，还可以增加 1 名。”陈赓大将先发话，答应得很爽快，哈军工也成为国防部五院业务骨干的第一供应大户。在“大将风范”的感召之下，其他单位也纷纷表示会想办法解决。

这次坦诚的协商也间接反映出中国导弹事业起步时，人才的匮乏是最大的困难和问题。关于“人”这件事，钱学森很着急。1956 年 7 月底，他从苏联访问回来后得知，专家和技术人员的抽调工作进展不大。“研制导弹究竟还搞不搞，要搞就应该尽快着手，有多少人干多少事，不能再拖延下去。”钱学森着急地对时任国防部五局局长钟夫翔说。

于是，有了后来 3 份关于调人的报告。在第二份报告中，钟夫翔、钱学森附上了拟调的 42 位技术干部名单。屠守锷、谢光选、徐兰如、李乃暨、吴德雨等专家都在名单里。

周恩来得知情况后，干脆直接给各单位打电话“要人”。就这样，国防部五院第一批高级专家和中高级技术骨干很快得到落实。

钱学森在《意见书》中曾估算了需要的总人数：“到 1967 年，共有工厂技术人员 2400 人，设计院技术人员 5700 人。”由于党和国家的重视，在后来的实际工作中，分配到航天部门的大中专以上毕业生人数，远远超过了《意见书》中建议的数目。

已经90多岁高龄的张守信当年在国防部五院一直负责干部工作。“1960年是国防部五院大发展的一年，光是大学生就分来了4000人。”他回忆说。当时，中共中央专门发出通知，要求各省、市委指定组织部长亲自负责人员挑选审查，迅速调齐。

“到全国去选人的时候各省市都非常重视、大力支持，大家一听是去国防部五院，都特别高兴，愿意来。”张守信说。

那时候，张守信还负责接来了一批留学归国的人才，“他们全都穿着呢子军装、佩戴军衔，非常精神”。这批从苏联回来的带军衔的留学生中，包括了后来大家耳熟能详的李伯勇、孙家栋、于龙淮和孙敬良等。

正是最大限度地从全国调动有限的财力、物力和优秀人才，国防部五院才得以蹒跚起步。任新民曾经深有感触地说：“干我们这一行的，一个人的作用微不足道。如果没有全国各部门的大力协作，没有成千上万人的共同奋斗，我们的航天事业就不会取得今天的成就。”

那些年我们听钱老讲课

“在座的各位，从今天起，你们就是中国导弹事业的元勋啦！”1956年10月8日，在国防部第五研究院的成立大会上，聂荣臻元帅对着现场的近两百人说，“现在人数虽少，但只要大家团结一心、艰苦奋斗，中国的导弹事业一定会有美好的前景。”台下的人抑制不住激动的心情，有的人甚至眼含热泪。

在新中国刚刚成立7周年之际，由钱学森率领的最早一批中国航天人，从第一个火箭导弹研究院白手起家。这时，距离钱学

钱学森为年轻的科研人员授课

森提交《意见书》仅仅过去 8 个月。

简单而高效的成立仪式后，钱学森走上讲台，为国防部五院的航天“创业者”启蒙讲授“导弹概论”。这些被聂帅称为“中国导弹元勋”的年轻科研人员中，绝大多数连一枚真正的导弹都没有见过。“搞导弹不是靠一两个科学家，要靠一大批有理论基础、又有实践锻炼的年轻队伍，所以我来给你们上课。”为了尽快把这批人“拔”起来，钱学森倾尽所能。能够为祖国培养自己的人才，这是他梦寐以求的事情。“钱老每次讲课的内容都是有针对性的，能够让不同的人都能听懂。刚开始并没有完整的讲稿，后来根据上课内容整理了一份，油印了几本。”刘登锐说。

“钱老的课听起来特别来劲!”已经 80 多岁的航天老专家陆寿茂说，“听钱老的课是千载难逢的学习机会。他语言清晰、思维严密，讲起课来深入浅出，听着是种享受。别看他在美国待了 20

年，讲课从头到尾全是汉语，有的英文单词译文他拿不准，还要和底下的人讨论确定。”

也是在钱老的课堂上，陈奇妙终于知道了自己要搞的导弹到底是什么东西。“大家听课都特别认真，生怕漏掉一个公式、一个概念。他讲课不快不慢，我们边听边记，跟着他的思路走。导弹这么深奥的东西，钱老却能讲得生动形象、通俗易懂。”

从飞航式导弹讲到弹道式导弹，从发动机原理讲到工程控制，从总体讲到系统，钱老在台上娓娓道来，为底下听课的学员们打开了一扇新的大门。

“钱老教导我们一定要学会使用科学的研究方法，按照规律办事。他还特别注重传授科学的思维方法。”尤其是唯物辩证思想和系统思想这两条，陆寿茂印象深刻。

为了能够根据整体任务需求做好科技人员的选调工作，张守信也一节不落地去听课。他到现在还记得钱老讲课总共分导弹原理、推进系统、空气动力和结构、制导这四讲。

当时听课的人不仅有专家和大学生，还有一些行政人员。听完课大家都觉得，钱院长能把复杂的尖端技术问题讲得让外行人听了不觉得晦涩难懂，让专家教授们听了也不感到肤浅平淡。

另外，钱学森还亲自拟定了空气动力学、发动机、弹体结构、自动控制、电子线路、计算机等有关专业的授课计划，专家教授们齐上阵：梁守槃讲火箭发动机，庄逢甘讲空气动力学，史超礼讲航空概论，朱正讲制导……

从 1956 年至 1961 年，钱学森在繁忙的工作之余在各种场合讲述“导弹概论”“星际航行概论”等课程上百次。那段时间来到国防部五院和中科大力学系的学生，大都有幸受到过钱老的面授“真传”。

代号 1059：迎来“东风第一枝”

◎ 刘淮宇

1956 年年末的一天，在第二机械工业部二局担任技术处组长的徐兰如正在办公室埋头工作，二局干部处处长推门进来说：“你要调动工作了。”

“调到哪里呀？”徐兰如问。

“那是个保密单位，情况我们也不清楚，报到以后，你就知道了。”

过完 1957 年新年假期，徐兰如拿着调令和介绍信来到位于北京西边的马神庙，后又和其他几名来报到的同志乘吉普车前往 466 医院所在地……徐兰如新调入的单位，名为国防部第五研究院，是我国第一个导弹研究机构。当时的他未曾意识到，1957 年 1 月 4 日这天，是他结缘导弹事业并为之奋斗终生的起点；而三年之后，中国成功仿制的第一枚导弹“1059”的出厂合格证，正是由他亲自签发。

神秘的“1059”

1956年国防部五院成立时，即明确了建院方针：自力更生为主，力争外援和利用资本主义国家已有的科学成果。这一方针深刻影响着共和国航天事业乃至整个科技事业的发展进程。1957年12月，根据中苏当年10月签订的《国防新技术协定》，苏联研制的2枚P-2导弹及其一套地面设备悄然运抵位于北京云岗的国防部五院一分院所在地。苏军一个缩编的P-2导弹营100余人同时到达，负责导弹的测试、发射等操作训练。

至此，从仿制P-2导弹起步，我国航天事业的大幕正式拉开。

其实，早在1956年年底，苏联就曾提供给中国两枚P-1导弹供教学使用。通过拆装、测绘和反设计，研制人员初步了解了导弹的基础知识，为后续研制工作做了铺垫。

此次苏联提供的P-2导弹是P-1导弹的改进型，但并非苏联最先进的型号。对此，聂荣臻副总理说，苏联给的东西虽然不是先进的，但却是我们所没有的。仿制这种导弹总比我们从头摸索便捷多了，应当好好学习。

1958年春，上级明确了仿制P-2导弹的分工，一分院负责总体设计和弹体、发动机研制，二分院负责控制系统研制。当时计划的目标是1959年9月完成第一批导弹总装出厂，争取国庆节试射。这也是任务代号定为“1059”的原因。关于“1059”的由来，徐兰如在口述自传中提到一个很有意思的细节：“1059”也是当时一种高效杀虫剂的名称，在农业和林业上应用广泛。“只要一用它，害虫就很快被杀死。可见，当时想出这样一个代号也是很动了一番脑筋的。”他回忆说。

织就全国协作网

仿制“1059”，没有总装厂可不行，钱学森召集人员进行了专门讨论。一分院一部的谢光选提出：“盖一个新工厂，凭我过去在兵工厂的经验，4 年也造不出导弹，不如选一个旧厂加以改造。”这一意见得到了大家的赞成。

综合考虑地理位置、工业基础等因素，高层最终决定将隶属于二机部四局的北京南苑飞机修理试制厂（211 厂）划归五院，改造后用于试制导弹。当时在 211 厂担任领导的冬春回忆，早在 1958 年 6 月工厂交接之时上级就反复强调，试制导弹与飞机有相似之处，又有不同，既不能因为过去搞过飞机而轻视导弹，也不能让导弹把我们难住。为此，全厂组织近千人开展大学习，还派出 36 人到长辛店结合实物和资料，加深学习和理解。

在一部，人们正抓紧翻译与复制 P-2 导弹图纸资料，以便尽快搞清设计思路、方便下厂仿制。由于专业的制图人员稀缺，领导决定让刚毕业的年轻人齐上阵，参加翻译和描图大会战。描图员陈耀海回忆，这项工作用时整整一个月，最紧张的时候一天只能休息几个小时，有时描着描着就趴在桌上睡着了。

1958 年 8 月，为了便于开展仿制工作，一分院整体迁入北京南苑地区。至此，以北京南苑为中心，一张围绕仿制“1059”织就的全国协作网正式铺开。航天档案馆珍藏的“1059”器材供应分布图显示：全国约有 30 多个省（区市）、1400 多个单位直接或间接参与了仿制工作，涉及航空、电子、兵器、冶金、建材、轻工、纺织等领域。

据参与“1059”地面设备研制工作的李春山回忆，导弹起竖运输车是委托太原一家兵工厂生产的。由于整套地面设备化名为“前门牌拖拉机”，产品对外叫“履带板”，工厂内除极少数人外都不清楚产品的用途和重要性，生产进度和质量一度受到严重影响。

后来，他们一面向北京反映情况，一面联系工厂党委汇报、请求支持。经过近两年的蹲厂跟产，他们最终完成了设备仿制任务。

“我非常怀念过去的日子”

陆寿茂虽然已经80多岁了，但身体依旧康健。曾任“1059”遥测系统设计主管的他，提及那段历史，一下打开了话匣子：“我非常怀念过去的日子，想念为‘1059’作出贡献的老战友们，还有当时的科研攻关氛围和人与人之间的关系。”

陆寿茂回忆，那个时候在一分院工作的多为刚毕业的大学生、中专生，以及负责政治工作的一部分部队干部。人们的生活很有规律，每天早晨要集体操练，白天工作效率很高，晚上都按时休息。

当时的年轻科技人员大多没学过导弹设计，急需补课。在领导的号召下，大家学习热情很高，办公楼每晚10点仍旧灯火通明。

当时在一部2室工作的苗逢辰回忆，一部政委刘川诗的办公桌上也摆满了技术书籍和资料，他在鼓励大家学习的同时，自己也在苦学。最令陆寿茂感动的是领导对科研人员在技术上的充分信任和在生活上的全面保障。

“我们提出需要什么零部件或设备，领导千方百计也要帮着协调。我们加班时，领导和政工人员给我们做好面条，这面条只供我们吃，他们不吃。”谈及此处，他潸然泪下。

老同志们说，没人给压力要求我们怎样做，都是自己要把工作做好，“如果没做好，就觉得脸上无光”。

陆寿茂透露，在当时的政治氛围中，社会上的单位悬挂标语口号是很常见的。但聂荣臻对科技工作的规律非常了解，明确提出办公室要干干净净、安安静静，墙上不挂任何东西。1958 年各地掀起大炼钢铁热潮，聂帅又一次顶住压力，指出完成导弹仿制是最大的政治，航天人不参加大炼钢铁。

为中苏友谊而来

从 1958 年下半年开始，苏联派出的专家陆续抵达。马神庙作为国防部五院机关所在地，也是苏联专家及家属在北京的主要居住地之一。

这些专家年龄从 30 多岁到 50 多岁不等，许多人都有参加世界反法西斯战争的经历。中方高度重视苏联专家的工作和生活条件保障。当时，陆寿茂的老师、导弹遥测系统专家斯特里的孩子尚在襁褓中，妻子照顾不过来，中方专门为他们家请了保姆。

1959 年，梁守槃（左）、任新民（右）与苏联专家在北京香山公园

仿制工作初期，针对研制队伍中出现的不切实际的冒进趋势，聂荣臻指出，仿制是爬楼梯，爬上楼梯才是平地，那时再学跑步，要通过仿制爬楼梯、大练兵，再向独立设计发展。为了充分发挥专家作用，加快仿制工作，国防部五院下发虚心向苏联专家学习的通知，要求把“1059”的资料吃透，凡是有苏联专家的单位都指定专人跟班学习。

陆寿茂介绍，那时候苏联专家一般 9 点到单位，他们则 8 点就到岗，提前做功课、准备问题。对于提问，有些苏联专家当场给予回答，有些则要回去做准备，下次过来时再解答。

后来担任 211 厂副总工程师的辜仲华生前回忆，苏联专家为仿制工作倾注了大量心血，在他们的悉心指导和手把手辅导下，211 厂 200 多名修飞机的铆工学习高温钎焊、氩弧焊等焊接技术，成功变身为制造导弹的焊工。总体来看，当时来华工作的苏联专家大都对中苏友谊怀有深厚感情，愿意尽己所能帮助中国人解决仿制中遇到的问题。

工作之余，许多苏联专家与中国航天人建立了深厚友谊。辜仲华、陆寿茂分享了获邀到马神庙专家住处参加家庭聚会的故事。来自江苏盐城的陆寿茂喜欢吃甜食，斯特里老师家里准备的沙拉、列巴是他的最爱；而中国的水饺则是苏联专家钟情的食物，这样的餐食称得上“中西合璧”。

中国人民是聪明的

由于工业基础薄弱、苏联提供资料不完备、仿制生产需要解决的难题较多，原计划在 1959 年 10 月发射“1059”的目标无法实现。本着实事求是的原则，上级同意任务节点推迟。

1960 年夏，正当仿制进入决战的关键阶段，苏联突然单方面宣布中断援助、撤走专家。在为欢送苏联专家召开的座谈会上，斯特里动情地说，我相信中国人有足够智慧，仿制工作一定会取得成功。

当此之时，聂荣臻指示国防部五院一定要争口气，依靠我们自己的专家，自力更生，立足国内，仿制“1059”绝不动摇，无论如何要搞出来。他还对国防部五院的领导王秉璋、王诤说，中国人民是聪明的，并不比别的民族笨，要依靠我国自己的专家和工人搞出自己的导弹。

苏联撤走专家确实对仿制工作造成一定困难，但徐兰如对此有着辩证的看法。他认为，苏联专家的撤走，逼得中国人自己动脑、动手、创新，充分发挥聪明才智。

这一观点在许多方面得到印证：苏联专家认为中国生产的发动机推进剂不合格，需要从苏联进口，一部主任、“1059”总设计师梁守槃经过计算分析，证明国产推进剂完全满足使用需求；为推进剂箱体增压需要一种气瓶，苏联是用大直径薄壁无缝钢管制

国防部第五研究院
导弹生产车间旧址

造的，而中国尚不具备生产条件，航天人大胆选用国产厚壁无缝钢管，加工出薄壁无缝钢管，成功实现替代……

导弹起竖吊装

仿制工作进入攻坚阶段时，徐兰如的担子更重了。由于梁守槃调往发动机研究所任所长，徐兰如要代总设计师工作，同时由于兼任211厂副总工程师，在总工程师不在时还要代总工程师把关。徐兰如回忆，那段日子基本天天“扎”在单位，晚上要一直忙到没有问题积压为止。

1960年10月23日，仿制出来的3枚“1059”（2枚战斗弹，1枚遥测弹）和仪器、地面设备搭乘专列，从北京运往刚建成不久的酒泉导弹发射基地。来自一部的试验队员戴晓林回忆，这趟专列保卫等级很高，沿途由部队官兵和民兵分两层护卫。

1960年11月5日9点2分，由徐兰如亲手签发“准生证”的“1059”喷着火焰从发射台缓缓升起，直刺云霄。约8分钟后，成功命中目标的消息传来，人们欢呼雀跃。

发射成功之后，聂荣臻在发射阵地会见参试人员。他高兴地问，竖立的导弹象征着什么？戴晓林沉思一下，响亮地回答：“像一把利剑高耸蓝天，直刺敌人的心脏。”旁边的张爱萍将军称赞道：“说得好！说得好！”

当年12月6日和16日，“1059”又分别进行了两次发射试验，均获成功。“1059”后来被命名为“东风一号”，从技术上看，它虽不是十分先进的，却是我国导弹事业从无到有的第一步。用徐兰如生前的话说，可谓“东风第一枝”。

困难时期　不懈攻关

◎ 苗珊珊

1960 年，中国已处于三年困难时期，饥饿威胁到每一个人。那时国防部五院刚成立不久，由于物资匮乏、营养不良，科技人员体质下降，70%的人患上了浮肿病，有的人还患上了夜盲症。

这时的中苏关系已经出现了巨大裂痕。受邀来中国参加国庆观礼活动的苏联领导人赫鲁晓夫对毛泽东说：“苏联不能给中国提供原子能技术。”1960 年 7 月 16 日，苏联单方面决定，中止对华援助项目，撤走在华的全部专家。

那年刚从北大物理系毕业的刘占毅（后任中国航天科工二院 25 所高级工程师）回忆当时的情景：参与研制型号的科技人员全都憋着一股劲儿。

1962 年 9 月 18 日，国防部五院任命林爽为东风二号导弹总设计师（最初为“东风二号”型号设计委员会主任）、钱文极为代号

“543”导弹（红旗一号导弹）总设计师。

10月11日，聂荣臻副总理听取国防部五院领导汇报后再次明确：“东风二号”是重点，要在第三个五年计划期间搞出来，先进行地面试验，后进行飞行试验；要重视“543”的仿制，抓紧该型号的资料整理工作。

“黑猫”来袭

1958年3月开始，台湾地区代号“黑猫中队”的高空侦察飞行队频频飞临内地进行高空侦察。他们使用美国生产的U–2侦察机，机上专门配置了用于高空侦察的B型照相机，捕捉情报、拍照留存。

要打击“黑猫中队”的嚣张气焰，高射炮和歼击机都无能为力，必须使用防空导弹。

1960年，我国地空导弹武器系统的研究刚刚起步，当时我国能用于对付U–2飞机的武器只有此前从苏联引进的50多枚代号“543”的地空导弹。

苏联撤走专家、停止援助后，聂荣臻指出，要发挥中国专家的积极性，依靠中国自己的技术力量，把“543”仿制出来。

根据聂荣臻的指示，依靠和发挥中国自己专家的作用，航天人提出“学习‘543’，吃透‘543’，仿出‘543’”的口号，加快仿制的步伐。

1961年9月，二分院集中了一支包括钱文极、蔡金涛、吴朔平、黄纬禄、梁思礼、张履谦、陈怀瑾等专家在内的科技队伍，加强了“543”地空导弹的仿制力量。

随着仿制工作的推进，“543”逐步进入外场进行飞行打靶试验。1963年首次成功进行了2发模型弹的飞行试验，1964年全武

器系统进行战斗弹打靶试验。结果在打实体靶机时，引信没有触发战斗部。

设计人员通过大量试验及分析，在对引信及靶机采取相应的技术措施后，第二次试验一举成功，击落了靶机，实现了仿制导弹的定型。此后，被命名为“红旗一号”的导弹开始生产并装备部队。

仿制有了新突破

仿制过程十分辛苦，如同摸着石头过河。在仿制“543”导弹时，航天人依靠自己的力量，攻克了一系列技术难关，取得许多新成绩。

刘占毅当时在研制地面雷达的一组工作。有了苏联专家前期提供的帮助，学习无线电物理专业的刘占毅很快完成了指令天线的反设计。

紧接着，刘占毅所在的一组顺利完成了跟踪制导天线的电尺寸、电参数反设计，但这时在计算扫描器其中的一个数字时突然碰到了难题。

反设计的目的是摸清导弹的设计结构和材料、零件的使用性能，为下一步仿制做好准备。“在学校学的微积分几何远不够用。”刘占毅和同事们咬牙坚持着，每天加班加点、刻苦钻研，在将一本800多页的《凸曲面的内蕴几何学》自学完成后，终于得出了计算结果。

此刻，大家都有一个共同的信念：尽快掌握导弹技术，又快又好地完成国家交给的任务。

仿制工作在快马加鞭地进行着。与此同时，1960年，唐敬之（后任中国航天科工二院23所高级工程师）承担了“543”导弹显示指挥车显示器的仿制设计工作。

他回忆："一次U-2侦察机再次出现，在我方导弹雷达开机通电还没来得及瞄准发射导弹时，'黑猫'却掉头飞走了。当时所里讨论后一致认为，U-2侦察机肯定加装了新的电子侦察系统，所以能接收到地面导弹雷达开机的信号。"为了掩盖电扫描频率，技术团队决定在红旗一号上安装照射天线，用来搜索目标和初步跟踪锁定目标，到适当时机再打开扫描天线，然后立即发射导弹射击目标。

现年已80多岁的两位耄耋老人忆起当年岁月时说："在那个艰苦奋斗的年代，我们相信中华民族有能力攻克科学难关，我们排除万难也要搞出来。"

为造导弹打黄羊

面对繁重而又紧张的科研任务，科技人员常常自发地加班加点，苦心研究，直到夜深人静、凌晨时分，办公室里仍有大家忙碌的身影。

当时，负责国防科技工业的聂荣臻对此专门做出规定：各研究院所零点必须熄灯，要求大家按时休息。但在国防部五院和原子能研究所，零点过后，有人躲到厕所里看书，有人在被窝里打着手电学习。

为了保证科研一线的人员有足够的营养，聂荣臻元帅以个人名义，向有关部队呼吁，请他们尽最大可能支援国防部五院。没多久，几大军区、海军部队紧急调拨给国防科研战线一批猪肉、黄豆、鱼、鸡蛋等食品，这在当时都是无比珍贵的东西。这批物资极大地缓解了国防部五院食品供应紧张的状况。

在从全国各地调拨物资的同时，国防部五院组织部队到内蒙古打黄羊，解决全院的吃肉问题。1961年初冬，翟大钧（后任中

国航天科工二院二部副主任）跟随二分院的打猎小分队出发了。

冬季天气寒冷，内蒙古草原气温下降到零下三四十摄氏度，打猎小分队的布帐篷不但不抗寒，连风也挡不住。

现已 93 岁的翟大钧回忆当时的情景说：“晚上睡觉不敢脱衣服，进了被窝像进了冰窖。”后来帐篷里冻得实在住不下去了，他们只好在附近借了两间土房暂住，这才解决了住宿问题。

一场大雪过后，打黄羊越来越困难了，队员们彻夜不休息，寻找黄羊的踪迹，身体非常疲劳。让翟大钧感动的是，同志们都自豪地表示，科技人员在家研制我们国家的导弹，为了让他们吃上一碗黄羊肉面，再苦再累也心甘情愿。

就是在这样艰苦的条件下，东风二号导弹诞生了。

“东风二号”诞生

1960 年，通过仿制苏联的地地导弹，中国初步掌握了导弹制造技术。与此同时，射程更远的东风二号导弹开始研制。

当时，“1059”导弹的仿制成功，极大地鼓舞了航天人的士气。聂老总提出，要突破从仿制到独立设计这一关，用我们的双手设计和制造我们自己的导弹。

聂荣臻口中的导弹，就是在“1059”导弹基础上自行设计的东风二号中近程地地导弹。

在发现“1059”导弹的推力和射程还有潜力可挖后，国防部五院一分院的技术人员对导弹的总体方案与弹体结构进行深入分析，决定独立研制射程为 1200 千米的中近程导弹“东风二号”。

根据毛泽东的名言“东风压倒西风”，“东风”成为中国地地导弹系列的代号。

尽管东风二号导弹是在“1059”导弹的基础上“爬高”，具有

1964 年 6 月 29 日，我国自行研制的东风二号导弹翻开我国导弹史上的崭新一页

较大的技术继承性，但在设计过程中仍然遇到了很多棘手的问题。当时参加设计的工程技术人员绝大多数是刚迈出校门的年轻人，搞导弹设计都还是第一次，但很多技术问题被创新性地解决了。

为了加大射程，减轻火箭自身重量，当时在一分院一部任导弹尾端壳体设计员的陆友人在一次设计中将原本放在外面的导弹舵支架放到了舵圈里面，这样舵就处于发动机的喷流范围内，便可以顺利“控制”导弹了。正是由于这一巧妙的设计，陆友人的岗位分工变为了舵机组设计员。

就这样，陆友人和同事们开始紧锣密鼓地研制。“加班错过了晚饭，匆忙赶到食堂仍能吃一碗黄羊肉面。”至今提及此，陆友人仍唏嘘不已。他感慨地说，在国家物资十分贫乏的困难时期，还能千方百计地从生活上关心科技人员，党的关怀和温暖全部变成了科技人员的工作动力。虽然条件差、困难多，但航天工作者个个精神振奋、情绪饱满。

砺剑东风

确定参数、准备元件、改装设备……前方、后方日夜奋战，经过一年多的艰苦攻关，东风二号导弹终于研制完成。

1962年3月，首枚东风二号导弹运抵发射场，进行发射前的各项测试。

一切似乎进展得非常顺利。3月21日，东风二号导弹进行首次飞行试验。

发射后69秒，东风二号导弹坠毁在发射场上，炸点离发射台只有680米。痛苦和失望笼罩在每一位科技人员的心头。

东风二号导弹首次试验失利后，技术人员分析失利原因

发射失利后，钱学森随即带技术人员赶赴现场调查事故原因。在钱学森的带领下，经过细致的分析，终于找出了失利的症结。专家们还分析，“东风二号”发射前进行的试验不充分，没有全弹试验的地面设施，无法在地面试验中暴露缺陷，也是导弹坠毁的重要原因。

从失败中得到的教训往往比成功的经验更加宝贵。从那时起，研制人员一方面修改设计，提高发动机系统的可靠性；另一方面加速全弹试车台等大型地面试验设施的建设，尽可能把故障消除在地面。

那时，张佐成（后任中国航天科工三院科技委秘书长）作为技术助理员参与试验站各试车台的发动机试车和四号台全弹试车工作。

技术人员对东风二号导弹进行检查

为了模拟飞行状态，在地面上考验导弹全系统的可靠性，1963年，最重要的大型地面试验设施全弹试车台建设完成。5月20日，五院成立了全弹试车台验收委员会。张佐成记得，全弹试车台竣工后，使用“1059”导弹先后在新建的四号台上进行了3次冷试车、2次热试车。之后，东风二号发动机试车采取了20多项技术措施，进行了80多次地面试验，用来考验全弹试车台的安全性和可靠性。12月26日，改进型东风二号导弹在新建成的全弹试车台上进行了短程、中程、全程、额定推力和大推力共5次全弹试车，经受了飞行试验前最严格、最全面的考验。

试验工作进行得非常顺利。重新修改设计的东风二号导弹，通过了17项大型地面试验和105次发动机试车的考验。

1964年6月29日，我国自行研制的东风二号导弹在酒泉导弹发射基地点火升空，准确命中1000千米之外的预定目标，翻开了我国导弹发展史上的崭新一页。

大漠惊雷　无问西东

◎ 杨　蕾

1958 年 9 月，华中工学院（现华中科技大学）机械系共有 8 人被分配到北京工作，魏其勇是其中之一。在前往北京的火车上，这 8 个风华正茂的年轻人很快就亲如兄弟，并约定日后务必要多联系。然而谁也没想到，在北京站道别之后，他们就从此失去了联系。不过，那已经是后话了。

也就是在那一年，闫五福回到了阔别已久的祖国。他所在的部队是一支在朝鲜战场上屡立战功的英雄部队——中国人民志愿军第 20 兵团。他只知道回国后将要执行一项光荣又辛苦的任务，却不知道大漠深处将成为他们新的“战场”，也没料到像魏其勇这样的知识青年会成为他们新的“战友”……

一个无法兑现的约定

斗转星移，6 年后。

1964 年 10 月 16 日傍晚，大型音乐舞蹈史诗《东方红》在北京人民大会堂的第十四场公演结束后，大家听到周恩来总理异常兴奋地宣布了一个特大喜讯——“我国第一颗原子弹爆炸成功，大家可以尽情欢呼！”

然而在这个欢庆的日子里，有些人却高兴不起来。

时任美国国防部长的麦克纳马拉傲慢地说：“中国 5 年内不会有原子弹运载工具，没有足够射程的导弹，原子弹无从发挥作用。”美国媒体也应声嘲笑：“有弹没枪，一通瞎忙。”

“两弹结合”的确不是件容易事，美国从第一颗原子弹爆炸到发射载有核弹头的导弹用了 13 年，苏联用了 6 年。西方人理所当然地认为，以当时中国的科技实力，绝不可能在短时间内研制出运载工具来。

其实，这颗原子弹的爆炸对于中国核武器的发展来说仅仅是第一步。中南海早在几年前就着手酝酿一个深刻改变世界战略格局的重大决策。“我国的导弹试验早在原子弹爆炸之前就已经秘密进行了。”6 年后，已在七机部一分院总体设计室担任总体组组长的魏其勇回忆：“到了北京，我和另一个同学被安排坐上了一辆出租车。”车越开景色越荒凉，突然前方一块大牌子吸引了两个年轻人的注意——“外国人到此止步”，他们这才意识到自己快到传说中的“神秘单位”了，却并不知道他们即将要开启的一项神秘任务，就是核导弹的研究。因为保密需要，两人和同行的其他 6 人从此失去了联系，那个“务必要多联系”的约定变得无法兑现。

“我们是在 1958 年 10 月出发的。”当年闫五福所在的部队悄然开进大漠深处，则是为了建设我国第一个综合性导弹试验靶场，也就是现在的中国酒泉卫星发射中心。

和魏其勇、闫五福一样，来自全国高校、科研机构、军工单位、部队的数万名技术骨干聚集到一起。他们以赤子之心，无问西东，共同拉开了中国导弹事业的序幕。

1960 年，我国仿制的第一枚导弹“东风一号”首飞成功。4 年后，也就是在第一颗原子弹爆炸之前 3 个多月，我国已经拥有了自己研制的东风二号中近程导弹，为解决原子弹的运载工具奠定了基础。这也是后来我国能快速解决“有弹无枪”大问题的关键所在。

和“娇小姐”的一桩“婚事”

很多年过去，魏其勇在老家的父母一直以为儿子在北京的“9200 信箱”工作。事实上，他已经是“东风二号”型号总体设计组组长了。

“我们的工作保密性非常高，不仅不能让家人知道，即便对同行也要三缄其口。”和魏其勇一样，一部四室负责再入弹头设计计算的张宏显也从不向外界透露自己的工作内容，只是他没想到，日后自己会成为解决一场因保密所致矛盾的关键人物之一。

这件事的起因还要从 1963 年 9 月说起。

据聂荣臻之女聂力回忆，当时主管国防尖端武器研制的聂荣臻元帅指出，我国装备部队的核武器，应该以导弹这种运载工具作为发展方向，并要求抓紧时间，尽快协商拟定“两弹结合”的方案。

因此，在中央专委的直接领导下，1963 年，国防部五院一分院和二机部九院就开始“两弹结合”的接触。

1964年9月17日，中央专委对“两弹结合”的工作作了部署，决定由二机部和国防部五院（同年年底，国防部五院更名为七机部）共同组织试验方案论证小组，由五院的钱学森抓总。

当时，周总理诙谐地说：“从今天起，你们‘二七风暴’就刮起来了！”

于是，九院几位主管核装置总体方案的设计人员来到一分院进一步了解导弹的情况，双方协商在弹头内安装核装置的要求和基本参数。一分院也抽调专人组成了“两弹结合”小组，代号140小组。

这场“风暴”需要解决4件大事——“小”“枪”“合”“安”。

“‘小’是指原子弹的小型化，主要依靠二机部的人员来完成。”一部四室副主任王国雄对那段历史依然记忆犹新，“‘枪’就是由我们对东风二号导弹进行改进。”

“当时，‘东风二号’的控制系统像一条大尾巴，容易暴露目标和受到干扰且移动不方便，不符合实战要求。所以大家提出了‘割尾巴’方案。”原航天工业总公司总工程师曾庆来说。

“东风二号甲”在“东风二号”的基础上进行了设计修改，发动机的推力由40.5吨提高到了45吨以上，射程从1000千米提高到了1200千米，控制系统也割掉了“大尾巴”，改成了全惯性制导，提高了导弹的作战性能。

一年后，“东风二号甲”试验成功。至此，发射原子弹的“好枪”已准备妥当。

“两弹结合”就像一桩“婚事”，想要百年好“合”谈何容易。“当时，‘两弹’差点因保密问题进行不下去。”张宏显说出了当年一件鲜为人知的事情。

“起初，我们只知道原子弹是个‘娇小姐’，具体长什么样、到底‘娇’在哪里，我们都一无所知。对方只给了一个外形轮廓

图，连设计图都没让看，具体细节更是闭口不谈。”张宏显细数起来，“核装置要放在导弹头部，它的重心、质量、转动惯量怎样，需要多大空间……这些问题我们都需要了解。”

原来，“两弹”虽然都是国家机密，但原子弹的密级更高，“所以二机部的同志不敢松口。”张宏显回忆。

有一段时间，工作几乎停滞。张宏显代表七机部的科研人员将矛盾的来龙去脉写成文字上报领导，钱学森得知后立刻着手解决沟通问题。

很快，经中央批准，两家单位成立了联合工作小组，在一定范围内打破了保密界限，并理顺了管理渠道。

“接踵而来的问题也不少。”王国雄说，“这个‘娇小姐’既怕热又怕冷，还怕潮、怕振动、怕过载、怕冲击、怕静电、怕雷电，而导弹却是个‘粗汉子’，搭载环境可没那么优越。”

为了促成“粗汉子”和“娇小姐”的结合，可忙坏了张罗“婚事”的“红娘们”。联姻的两家人都需要精心调整自家的“孩子”，以确保“拜堂”时不出任何差池。

“‘东风二号甲’的弹头采用玻璃增强塑料材料作为防热层，使壳体温度降到 100 摄氏度以下，解决了‘娇小姐’怕热的问题。”一部四室总体设计师于德滨说。

另外，当时为了给核装置提供飞行环境数据，研制人员创造性地研制了硬回收装置；给放置核弹头的密封舱配备了空调，增加了减振和缓冲的措施。

最后一关就是“安”——“两弹结合”的安全问题绝无退路可言。

1965 年 5 月 4 日，在中央专委召开的第十二次工作会议上，周恩来总理提出了一个极其苛刻的要求：七机部要做到导弹在飞行中保证不达目的地绝对不掉下来；二机部要做到导弹万一掉下来，原子弹也不能发生核爆。

事实上，这个严苛至极的要求是在为上万条性命做“双保险”。

一件可以聊几辈子的大事

甘肃河西走廊最西端有个小镇——红柳园，如今只有为数不多的人还记得，50 多年前，那儿差点发生一场涉及上万人规模的集体大迁移。

究竟是怎么回事？

在国家档案馆，一份编号为 1559 的档案揭开了这个秘密——这是一封 1966 年 9 月被送往中央军委的绝密电报。电报的内容就是关于红柳园地区的安全问题，而发出这份电报的机构正是秘密准备“两弹结合”飞行试验任务的酒泉导弹发射基地。

“两弹结合”试验比单纯的原子弹试验更困难和危险，在西方国家有“魔鬼的选择”之称。为了减少对本国的损害，美国选择在太平洋上人烟稀少的海岛试验，苏联则选择在人迹罕至的北极试验。

当时，由于我国尚没有强大的海军力量，所以只能选择在自己的国土上开展试验。

“中央要求试验要万无一失，出了事也不能伤及一个老百姓。当时大家最担心的就是弹道下面的红柳园。这个地方有几万居民，我们该如何保证他们的安全？”魏其勇说。

按照理论弹道计算，红柳园的位置是在导弹飞行 96~102 秒之间，遭遇风险的可能性并不大。然而“两弹结合”试验装载的是货真价实的核弹头，一旦发射失败，这里的一切都将不复存在。

根据周总理的指示，铁道部调集了三列火车在红柳园待命，弹道下面的数万名居民也已被临时疏散到防空洞，并做好了安全救护的准备。“当时钱学森告诉总理，‘导弹掉在红柳园地区的概率为十万分之六，安全程度比坐飞机还高’，大家这才宽心不少。”

一部总体设计室负责控制系统的穆元良当时在距离发射平台只有160米的地下控制室，是留到发射前最后一刻的科研人员之一。言语间，他始终保持着科研人员特有的自信。

万事俱备，中国能否拥有用于实战的核武器，成败在此一举。1966年10月27日上午8点，距离预定发射时间还有1个小时，发射场突然狂风大作，卷起的黄沙铺天盖地，能见度只有50米。

9点，大漠的风小了，矗立的发射塔架慢慢打开。突然，从发射台下面升腾起灼眼的烈焰，东风二号甲导弹托举着核弹头呼啸着拔地而起，直冲云霄。

随着导弹慢慢远去，发射场的每个人都心弦紧绷。导弹能否飞行正常，又能否按照指令在预定高度爆炸，牵动着每个人的心。

导弹飞行正常，9分04秒后，罗布泊弹着区传来消息——我国首枚导弹核武器在飞行了894千米之后，核弹头在罗布泊弹着区靶心上空569米的高度爆炸。

“两弹结合”试验取得圆满成功！

罗布泊上空升起的巨大蘑菇云，标志着中国成为世界上少数几个能够用自己的导弹发射核弹头的国家。

导弹核武器在预定区域成功爆炸

那个美国用了13年、苏联用了6年才完成的“两弹结合”试验，中国仅用了2年。

如今，距离我国“两弹结合”飞行试验已经过去了半个多世纪，90多岁高龄的王国雄依然清晰地记得，那个晚上他拿出此前在中南海向中央领导进行汇报后带回家的那一小包龙井茶，泡了满满一大壶茶

钱学森（右一）和聂荣臻（右二）等在我国首次“两弹结合”试验现场

1966 年 10 月 27 日，“两弹结合”试验后聂荣臻元帅接见科研人员（魏其勇在前排左五）

水，和同事们一起朝圣般地将这壶茶一直喝到天亮。这一晚，他们的脸上都荡漾着火热的激情，如同孩子般兴奋地回忆着发射当天的每一个细节。

15年坚持，终迎万里“东风”

◎ 贺喜梅

1980年5月18日上午10点，酒泉导弹发射基地，透过地下控制室伸出的潜望镜，有人兴奋地大喊：“发射成功了。”掌声雷动的同时，大家快速爬上地面场坪，目送那一团渐行渐远的火焰。

人群中，东风五号控制系统设计师孙凝生、姿轨控系统设计师杨德生等，久久地凝望着“东风五号”渐渐消失的方向，直到敖包山上的喇叭传来“东风五号”准确落入预定海域的消息。时至今日，他们仍能清晰回忆起那一天的场景。那一刻，他们15年风雨兼程、披荆斩棘的岁月终于告一段落。

在航天型号战线奋斗了大半生，两位老人经历了大大小小几十次发射试验任务，却从未亲眼见到火箭起飞瞬间，直到退休。“因为发射时刻，控制系统最关键，根本没心思去看。”孙凝生说。

“生于乱世，先天不足”

1965 年 3 月，中央专委决定研制洲际导弹，并将其命名为“东风五号”。事实上，围绕我国第一枚洲际导弹“长啥样”的话题，技术方案早在一年前便开始酝酿。

据东风五号地面总体设计人员汪向毅回忆，当时科研人员缺少设计大型导弹的经验，大家都希望导弹直径尽可能大些，但又不得不考虑运输方面的限制。

“如果导弹直径过大，必然要增加它的运输成本，关键是怎样实现运输。”东风五号总设计师屠守锷鼓励设计人员通过调研找出答案。

于是，洲际导弹方案组人员辗转全国各地进行考察和调研。他们搜集了国内铁路、隧道、涵洞、桥梁等大量资料。在充分考虑转弯半径的前提下，他们认为洲际导弹的最大直径应为 3.35 米。

“当时，我递交过一份‘关于导弹直径的建议’报告，还被屠守锷总设计师批了‘已阅’，受到很大鼓舞，干劲儿更足了。”汪向毅回忆，当时科研人员都肯担当，“听党的话，党指到哪儿，就打到哪儿”。

后来，一位工程人员做了一个计算，正是洲际导弹直径的增大，使我国以洲际导弹为基础的长征火箭的运载能力普遍提高了 20%~30%。

除了要尽可能大，洲际导弹还要尽量轻。对此，设计人员真可谓“斤斤”计较。洲际导弹一、二级贮箱长度占导弹全长 60% 以上，减轻其结构重量，将会有效增加射程。我国著名材料专家、“两弹一星”功勋奖章获得者姚桐斌把关注点放在了选用材料上，认为采用铝铜合金可以使贮箱减重 30%。

然而，铝铜合金有一个致命的缺点——焊接性能较差。采用全新材料的技术攻关历程，曾一度令他们陷入绝境，焊缝质量之差，超出了设计要求的最下限，也超出了他们心里能承受的最大限度。就焊丝化学成分的配方，他们就试用过 500 多种，最终成功研制出专用焊丝，并探索出一套特殊的焊接工艺方法。

1966 年 7 月，洲际导弹大部分方案设计完成，只有控制与弹头两个分系统还在继续论证。然而，“文化大革命”的到来打破了原本紧凑的节奏。“方案论证来论证去，进展不下去，一拖就是好几年。”时任东风五号副总设计师的李占奎在回忆文章中提到。

正如张爱萍将军所言：“东风五号生于乱世，先天不足。”

科学试验决不能蛮干

1957 年 9 月，姚桐斌费尽周折，在周恩来总理出面交涉的情况下，终于回到了心心念念的祖国。那时他怎么也不会想到，自己 11 年后会被无端毒打致丧命。

在十年“文革”中，各种事件纷至沓来，先是姚桐斌含冤而逝，科研专家面临生命威胁；后又是近半数研究设计人员被下放到各部队军垦农场，接受为期三年的“改造”。在相当长的一段时间里，负责“东风五号”研制的第一研究院被军管会接管，人心惶恐，各项研制工作几乎都陷入了停顿状态。

而此时，超级大国的核威胁不期而至。1969 年 3 月，中苏边境发生了珍宝岛武装冲突，中苏关系进一步恶化。叶剑英元帅说：“没有洲际导弹，毛主席睡不好觉。”

在加紧推进洲际导弹研制工作和科研力量锐减的背景下，1970 年春，北京地区组织了声势浩大的生产“大会战”。虽然风风火火地干了好一阵子，但这些单位大多是仓促上阵，缺乏充分的技术准备，赶制的产品问题百出。

当时的国防科委要求洲际导弹在 1970 年“十一”前实现第一次发射，为国庆献礼。为此，七机部采取了改革研制程序、减少试验导弹数量等 6 项措施。

1970 年 9 月，控制系统还没齐套。屠守锷来到 12 所，主持控制系统综合试验的孙凝生向他汇报情况。“看来‘十一’前发射是不可能了，但也不能放松。”屠守锷说。然而，军管会部分领导却依然毫无科学依据地宣称“这条线不能破”。

由于研制工作做得不充分，总装测试中问题层出不穷。一般的导弹总装测试只需要一个多月，而“东风五号”从进入总装厂开始，一干就是 100 天。

在没日没夜地干了 50 天后，东风五号副总设计师梁思礼累得尿血住进了医院。剩下 50 天测试由同为东风五号副总设计师的王永志主持。

屠守锷晚年曾评价说：“如果不提出献礼的要求，大家按照计划比较充分地做好地面试验，然后再进行全弹总装测试，合格后再出厂，导弹的质量应该更好一些。”

导弹进入发射场后，测试工作仍不顺利，持续了近百天。在这种情况下，有一种主张认为：这枚导弹“已经老了，就让它老死在地面上吧”，不同意发射。“即便老了，也要飞上天，验证成果”，以屠守锷为首的技术人员力排众议，坚持发射。

1971 年 9 月 10 日，我国第一枚东风五号导弹终于点火发射，飞行试验获得基本成功，但弹头打远了，迟迟未能找到。9 月 13 日，上面突然来了人，要求把所有设备装车紧急撤离，一时气氛十分紧张。

“我们猜测是不是弹头掉到了苏联境内，中苏要开战了。”孙凝生说，大家心里非常紧张。试验队刚抵达北京，就被召集起来开总结会，准备处罚“不听指挥”的人员，矛头直指试验队领导。好在林彪叛逃的消息传来，批评会议不了了之。

然而，在那样的混乱形势下，有关单位未能组织开展经验总结工作。1972 年 12 月 26 日，第二枚遥测弹做飞行试验时，由于线路故障，发射未能如期实施。经返厂检修后，1973 年 4 月 8 日再次组织发射，但导弹起飞后，由于控制系统中途断电而导致失败。

严酷的事实向人们警示：科学试验有着严格的程序，决不能蛮干。

苦涩的基地岁月

相比于精神的摧残，环境的恶劣、物资的匮乏反而变得不是那么难了。

1970 年寒冬腊月，东风五号导弹在振动塔上即将做全弹测试，4 名测试人员站在数十米高的塔架上，绕着导弹一个点、一个点地进行测试。脚下的高度对于脆弱的生命来讲，无异于深渊。

屠守锷当时已是年过半百的人，他和大家一起爬上数十米高的阶梯，一起做试验、分析数据。与政治斗争带来的惶恐相比，工作让他感到心安。

试验队的工作生活环境相当艰苦。大家一天的生活费 5 毛钱，其中 4 毛要自己交。因为物资匮乏，很多试验队员从家里带了咸菜过来。在那个非常时期，屠守锷还为每人争取到 2 斤白糖增加营养，帮他们找来 4 件空军地勤服御寒。

“发射控制室就在离发射台 150 米左右、从外面看像坟一样的地下堡里。”杨德生回忆说。为了防冻，试验队住的房子 1/3 露在外面，2/3 埋在地下。试验基地的冬天尤其冷，零下三四十摄氏度的气温使试验队员们的耳朵上起了冻疮。“上塔架的人每人可以领一顶绿军帽，不上塔架的还没有呢。”杨德生略带自豪地说。

寒冬里穿梭在戈壁滩的他们，皮帽、皮大衣和大头鞋互相借着穿，也顾不得多少人穿过、有多脏了。到了夏天，沙尘暴像一堵墙一样，几米远处就看不见人。沙尘扑在脸上，如扫帚扫在脸上一样难受。

“唯一的娱乐项目就是三五成群跑到火车站或者野战军部队驻地去看露天电影。”据杨德生介绍，那时候去发射场出差，动辄几个月，根本顾不上家。

当时可不像现在人人手上一部手机，他们只能通过书信获取信息。一次，一封来自北京的信件说一架飞机砸落在了家附近，他们牵挂家人安危，寝食难安。直到第二封信到来报了平安，才真正放了心。

据孙凝生回忆，1980 年向太平洋发射导弹那次试验，各方去的人特别多，住房不够。他和控制组组员住在了火车列车的车厢里，整整两个月时间。火车车皮经过太阳的炙烤，车内闷热难耐。更为难受的是车厢里没有水，也没有厕所。要解决这些生活必需的事情，他们每天都要来来回回跑几次很远的地方。

终于有了“底气”

1976 年国庆节刚过，从北京传来“四人帮”被粉碎的消息。在打破“文革”的桎梏后，“东风五号”迎来了重生，科研人员内心也舒畅了。1977 年至 1980 年年底，是洲际导弹研制团队最为繁忙的时期，导弹试制和试验中的技术问题被逐一解决，6 枚遥测弹飞行试验全部成功，为全程试验作了充分的技术准备。

“东风五号”参与 1984 年国庆大阅兵

1980 年 5 月 9 日，新华社受权发布的一则公告引起了全世界的关注：“中华人民共和国将于 1980 年 5 月 12 日至 6 月 10 日，由中国本土向太平洋南纬 7 度 0 分、东经 171 度 33 分为中心，半径 70 海里圆形海域范围内的公海上，发射运载火箭试验。”这次试验代号为“580”。

“这么一来，就更紧张了。一旦出现问题，那就会让世界看笑话。”孙凝生说，为了这次试验成功，他们做足了测试工作，尽可能地提高导弹可靠性。也就是那个时候，控制系统对仪器增加了 200 小时老化试验，一直延续至今。

5 月 18 日凌晨 2 点，屠守锷走进控制室，等待试验开始。他对这次试验，比以往任何一次都更有信心。10 点整，发射指挥员刘德普发出号令：“点火！”顿时，导弹从浓烟烈焰中拔地而起，沿着预定的弹道向东南方向飞去。30 分钟，飞跃 8000 千米，跨越半个地球，穿越 6 个时区。

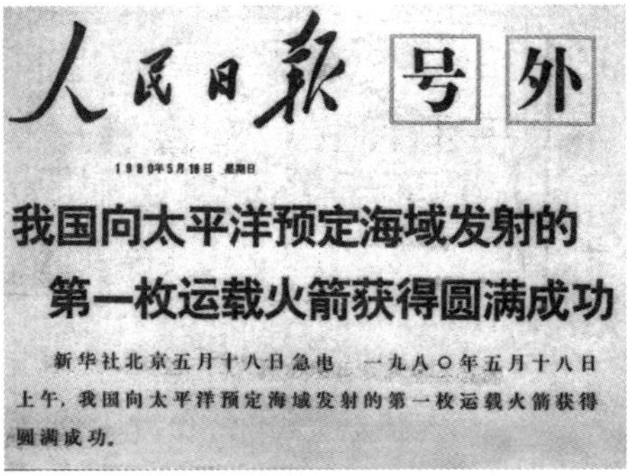

人民日报 号外

1980年5月18日 星期日

我国向太平洋预定海域发射的第一枚运载火箭获得圆满成功

新华社北京五月十八日急电 一九八○年五月十八日上午，我国向太平洋预定海域发射的第一枚运载火箭获得圆满成功。

《人民日报》关于发射成功的号外

中国向太平洋发射火箭的消息受到全世界的关注。中国船队到达公海后，受到了众多外国军舰、飞机的干扰。一些对中国此次试验各怀心思的国家，派出数十架侦察机不时地飞临船队上空，投放探测设备。中国船队在正常执行探测任务时，还要与这些“不速之客”斗智斗勇。

幸运的是，导弹准确落入预定海域。很快，回收舱的染色剂把附近的海水染成翠绿色，打捞直升机仅仅用了5分多钟的时间就完成了数据舱的打捞任务。

敖包山上，导弹准确命中目标海域的消息传来，有人欢呼，有人拥抱，有人落泪，他们用不同的方式庆祝成功。唯有孙凝生，竟是默默地走开了。“精疲力尽，只想回去休息。”的确，他们太累了，唯有成功才能让他们有“底气”休息。

东风五号导弹发射瞬间

许一世年华　只为那颗“中国星”

◎黄　希

翻开我国航天事业这本浩若烟海的大书，“东方红一号”作为我国航天史上的第一座丰碑，被无数文人墨客予以不同形式的表达和致敬。

在这里，我们看到了中国航天人自力更生的群像，读懂了困难时期科学报国的坚定信念，也由此记住了钱学森、任新民、孙家栋、戚发轫等一批爱国科学家的名字。

吃水不忘挖井人。任何一项事业、任何一项工程，奠基人、铺路石和瞭望者的角色无疑是最重要的，同时也是容易被后人遗忘的。他们需要有非凡的智慧、坚定的信仰和强大的内心。在我国第一颗人造卫星的研制起步阶段，有两个人，离我们又近又远。说近，是因为“东方红一号”的升空距现在刚刚过去50年，我们有大量的资料去查阅、去学习；说远，是因为他们早已离我们远去。

他们两人，是我国空间技术的开拓者和奠基人——赵九章、钱骥。

2019 年 7 月底的一天，在东方红一号卫星总体组成员、84 岁的胡其正先生的回忆下，那段和赵九章、钱骥一起走过的激情燃烧的岁月再度被唤醒。

中国卫星研制发源地——西苑操场甲一号

在毛主席“我们也要搞人造卫星”的号召下，1959 年，24 岁的胡其正从清华大学电机系毕业后，被分配到了一个“神秘单位”——581 组。这个组当时负责拟定人造卫星规划，组织和协调人造卫星、火箭探空业务。在西苑操场甲一号，他第一次见到了 581 组办公室负责人钱骥。

当时的钱骥实际上就是卫星总体技术负责人。第一次见面，言语不多、目光深邃的钱骥给胡其正表达了三层意思：一是欢迎，二是注意保密，三是我们搞的是探空，将来要搞上天的事。胡其正听了特别兴奋，从此开启了自己的航天生涯，而钱骥也被他视为自己航天事业的领路人。西苑操场甲一号，这里是 1954 年前后中科院向中直西苑机关借用的一处院落。据中科院空间物理所党委书记吴智诚（时任 581 科研计划管理负责人）回忆，这里杂草丛生，条件简陋，但却是我国空间事业的发源之地：我国卫星国家立项的建议书在此成稿；我国第一颗卫星的设想方案在此酝酿诞生；卫星的预研在此展开；气象火箭探测试验由此出发……

院内北侧有一座三层灰砖南北向小楼，作为研究实验室之用。随后又陆续建有几十间平房，有行政办公用房、机加工车间、玻璃车间、器材仓库、车库等。早期研制人员还将西北角一座旱厕所改装为环境模拟实验室。为了做真空仪器，他们还自己动手建造土煤气发生炉，作为吹玻璃、封接真空管之用。

那时遵循勤俭办科学方针，一切都是因陋就简。在这里工作的 8 个研究组，全面展开火箭探空各项研究和卫星预研准备工作。581 组组建之初，赵九章、钱骥、杨嘉墀一行兴致勃勃地去苏联观摩卫星，却只是远远地看了一眼卫星的外形，更谈不上合作与技术援助了。没有学到卫星研制本领，却激发了科学家们的斗志：不让学，我们自己搞！值得自豪的是，我国是从零开始，完全靠自力更生发展了卫星事业。

在调研了国内外工业基础后，结合我国当时的经济条件和科研条件，我国科学家建议“现在放卫星与国力不相称，要调整空间技术研究任务”，这也与当时高层暂时下马部分尖端工程、集中力量解决经济困难的思路相契合。581 组随之做出调整，把研究重点放到搞探空火箭上来。从 1959 年到 1965 年，赵九章、卫一清、钱骥领导的研究实体积极开展工作，与杨南生、王希季领导的上海机电设计院密切配合，1960 年到 1965 年共发射试验了 20 多枚 T7、T7A 探空火箭，取得了 60 千米以下的气象数据，并进行了电离层、生物等项目试验。这些都为卫星研制打下了一定的技术基础。

1960 年至 1962 年是中国航天“困难而有进展的三年”。说困难，是因为全国人民都面临同一个问题：吃不饱肚子。航天人也不例外。钱骥、胡其正一个月 27 斤的粮食，还要匀出来两斤给饭量大的同志。赵九章、钱骥因为营养不良，腿都浮肿了。

比吃不饱肚子、没有衣服穿更困难的是工作上的阻力，没有头绪，毕竟没人干过卫星。钱骥说，不怕，我们自己干。他带领大家查找文献，一点一滴，从零开始。

经过学习，他们发现相较于苏联，美国的文献参考价值更好一些。但是大家的英语水平很有限，怎么办？于是，秦馨菱先生及英语好的技术人员主动给大家讲授专业英语，一边学习，一边查资料，一边分享，大家的英语水平提高得很快。

提到学英语、看文献，钱骥是有名的英语达人。虽然他没有海外留学经历，但他爱学肯学，看文献如饥似渴。他有一个特殊的习惯，一边学习一边自制读书卡片。他一生做了近两万张读书卡片，形成了庞大珍贵的数据库。在没有计算机的时代，这些卡片就是最大的智力支撑。胡其正深情地回忆说："钱骥教会了我们如何看书，如何读文献。"

在西苑操场甲一号，日子虽然艰苦，但所有人干劲都很足，每晚都是领导来催促年轻人早点熄灯回去休息。钱骥总是勉励大家：人生一定要有目标，不然活着就没有意义。在赵九章、钱骥的带领下，大家基本摸清了卫星的组成、功能和关键技术，并理出了我国卫星发展的途径，"以应用为牵引"成为我国卫星研制事业的指导思想。

1965 年——我国重启卫星研制计划

1964 年 10 月，赵九章、钱骥一行应国防科委邀请到酒泉导弹发射基地访问。在结束这次访问后，1964 年 11 月初的一个晚上，钱学森来到赵九章的办公室。钱学森见面就问："去基地的观感如何？"赵九章说："收获很大，导弹研制进展这么快，真是出乎意料。"赵九章认为再过四五年，100 千克左右卫星的运载火箭有可能研制出来，卫星研制也有把握完成，现在关键是卫星研制要由国家立项。

1964 年 12 月 21 日，第三届全国人民代表大会第一次会议开幕，赵九章参加了这次会议。周恩来总理在做《政府工作报告》时发出了“向科学进军”的号召。听完《政府工作报告》后的赵九章连夜起草了一份关于尽快全面规划中国人造卫星问题的建议书，并于12月28日当面递交给了周恩来总理。1965年1月，钱学森写信给聂荣臻，认为现在已有条件考虑卫星问题了。

此前，在西苑操场甲一号的研制人员，已经从581组更名为地球物理所二部，他们组建了一支专业的卫星研制团队，由二部副主任钱骥担任卫星的技术总负责人。我国卫星研制由此走上了专业化发展之路。

为了尽快向中央提交报告，科学院责成由何正华、潘厚任、胡其正三人组成总体组，由钱骥直接领导，负责撰写《我国卫星事业发展的十年规划》《关于发展我国人造卫星工作的规划方案建议》两个报告，最终由中科院形成方案上报中央，1965年8月在中央专委第十三次会议上予以报告，并得到批复：通过，执行！从此卫星研制正式立项，中国科学院将此列为1965年第1号任务，代号定为“651”。

1965年10月20日至11月30日，我国第一颗卫星论证会在北京友谊宾馆科学会堂召开。会议由科学院副院长裴丽生主持，会议代表有120余名，专家们讨论充分，在很多问题上达成了一致，会期竟长达42天。

这次会议产生了我国第一颗卫星的总体方案、本体方案、运载工具方案、地面系统方案4个文件，还编写了27个专题材料，共约15万字。会议期间，周总理邀请与会代表去人民大会堂小礼堂一同观看演出。这次会议在我国航天史上非常重要，明确了“全国一盘棋”造卫星的思想。

会议期间，周总理听取汇报时主动询问了钱骥的名字后，笑着说：“你也姓钱呀！看来卫星也缺不了钱呀。”

总理的话一语双关，搞导弹有钱学森，搞原子弹有钱三强，现在搞卫星又有个钱骥，真是缺不了姓钱的。另一层意思是，搞卫星与搞原子弹、导弹一样，要花大钱。总理问钱骥要花多少钱，钱骥没有回答出来，因为在准备卫星方案以及论证会上都没有算过账。国家要批准卫星工程，不知要花多少钱，怎么列预算，怎么办批准手续？这才让这位姓钱的科学家开始操心起钱的事情来。

胡其正至今对这一段经历印象深刻。因为工作关系，他和同事有幸与赵九章、杨嘉墀、陈芳允、钱骥这样的大科学家共事。大科学家们学术上的光环和生活中的平和，对待名利的淡泊，以及民主、实事求是的工作作风，让年轻的胡其正见证了“大师风尚”，他坦言：何以有幸，终身受益。

“文革”——卫星研制在坎坷中前行

科学家们很想在 1969 年国庆前把第一颗人造卫星送上天。新中国成立 20 年，放飞第一星，这是多大的光荣啊。按照当时大家的准备工作，也是完全没有问题的，但是却没有实现。

因为，“文革”来了。

白天夜晚，野蛮与疯狂的批判和斗争，从肉体和精神上摧残着科研人员。张劲夫被夺了权，中科院党组垮了，基层党组织瘫痪了，西苑操场甲一号成了重灾区。有人受伤，有人被斗死。1968 年 10 月，赵九章被迫害致死。在这样混乱的局势下，能工作的同志依然还在工作。

赵九章含冤而逝后，钱骥也受到冲击，“靠边站”后，他像一名普通技术人员一样工作，却一如既往地沉默。看到昔日受人尊重的科学家被迫害，大家深深地感到无奈。卫星研制工作在艰难的局势中缓步推进。

1967 年年底，国家开始酝酿成立空间技术研究院，办公地点也从西苑操场甲一号和中关村搬到了白石桥。孙家栋临危受命，担任“东方红一号”总负责人。他带来了 10 多名业务骨干，把导弹研制的工程经验结合到卫星工程中来。在那个风雨飘摇的年代，大家排除万难，推进着东方红一号卫星研制工作稳步向前。

1970 年 4 月 24 日，东方红一号卫星发射成功，全球为之震动。当年两个积极促进卫星研制工作的奠基人：赵九章、钱骥，一人已经含冤九泉，无法亲眼目睹这一刻；另外一人却只能在北京白石桥的空地上默默仰望。在欢呼和掌声面前，没有他们，在那个年代，他们已经低到了尘埃里。

东方红一号发动机吊装试验

转眼到了 1999 年。这一年的 9 月 18 日，在中华人民共和国成立 50 周年前夕，党中央、国务院、中央军委决定，对当年为研制“两弹一星”作出突出贡献的 23 位科技专家予以表彰，并授予于敏、王大珩、王希季、朱光亚、孙家栋、任新民、吴自良、陈芳允、陈能宽、杨嘉墀、周光召、钱学森、屠守锷、黄纬禄、程开甲、彭桓武“两弹一星”功勋奖章，追授王淦昌、

喜看东方红一号飞过头顶的人群

邓稼先、赵九章、姚桐斌、钱三强、钱骥、郭永怀“两弹一星”功勋奖章。

60 多年过去了，如今行走在西苑操场甲一号的人，已经没有几个人知道，从这里走出过这么多大科学家，酝酿过我国卫星研制事业。那一段过往，已成历史。但我国卫星事业已从“东方红一号”发展到群星璀璨，给崛起的中国增添光芒。

备战备荒　抢建三线

◎ 索阿娣 / 王晓彦

三线建设，作为一个特定的历史概念已经深深留在了一代人的记忆里。1965 年以后开始执行的“三五”计划，实质上就是一个以国防建设为中心的备战计划，要抢时间把三线建设成具有一定规模的战略大后方。

从 1964 年至 1980 年的 16 年间，全国数以百万计的工人、干部、知识分子、解放军官兵和农民工建设者，奔赴以甘、陕、川、贵等为代表的广袤三线地区。在“好人好马上三线、备战备荒为人民”的口号之下，一个打不烂、打不垮的航天工业体系也在秘密布局。

踏勘选点：山、散、隐

1965 年夏天，马岩土从清华大学土木建筑工程系毕业。24 岁的他被分配到七机部（航天工业部前身）新组建的七院。

这个刚刚成立的基建设计院，主要依托力量是原国防部五院基建工程部的干部、其他工业部门调来的土建设计人员和一群初出茅庐的大中专学生。面对“三五”计划中 200 万平方米的三线工程建设任务，七院的首要任务就是去现场搞设计。

从二机部（核工业部）调来的王家圻，当时已是工程师。他曾在人民大会堂听过聂荣臻元帅做的一场报告。聂帅说，第一颗原子弹爆炸成功了，但是我们得有相应的运载工具，因此号召其他工业部门支持七机部。就这样，王家圻成了七院总图专业的负责人。

在王家圻、马岩土等人奔赴三线之前，相关的踏勘选点工作早已开始了。

1964 年 5 月，党中央作出建设三线的部署，并指示工程建设要贯彻“靠山、分散、隐蔽”和“小型化、专业化”的方针。七机部各院很快组织人员，分赴大后方进行踏勘选点工作。

三线工程的选点定点任务，主要的决策依据是“政治定点”“行政定点”“战备定点”。交通、地理、水源、成本核算等因素，在那个年代都被放到了次要位置。

甘肃天水地区，山高沟深，人迹罕至，贫瘠荒凉。一院三线工程指挥部参与踏勘选点的人员，每天早出晚归，迎着寒风，裹着黄沙，跋山涉水。山沟里有狼，且出没无常，他们便手持木棍、铁叉结伴而行。到了晚上，大家扛着指挥部发的步枪，轮流站岗放哨。

最终，一院在甘肃天水、陕西凤县地区的8个县境内布置了34个项目。

在选点过程中，七院的人员曾经提出，把大量的精密仪器和科研机构放在震区建设不合适。但这一合理化建议并未得到采纳。直到1966年3月8日河北省邢台地区发生了6.8级强烈地震后，天水地区三线工程才被弃建。

三线在当时是一个隐秘的词，从未出现在公开的报道中。工作在三线的人们，与家人通信也不准有地址。为了确保三线建设的机密和便于对外联系协作，工程被编制了一系列代号，如061、062、063、064、066、067和068等。

马岩土被派去了贵州遵义娄山关一带的061基地。带着老三篇（《为人民服务》《纪念白求恩》《愚公移山》）、一台手摇式计算机、一把计算尺，这位又红又专的“设计小将”从北京出发了。坐了两天一夜的火车，再经汽车颠簸，到了“天无三日晴，地无三尺平”的山沟里。

由于出身于贫下中农，属于被依靠的对象，再加上政治素质和专业素质过硬，马岩土获得了某“洞库”的设计任务。该洞库跨度大，若是走火车，里面可铺设4条钢轨。他仅用一天的时间绘图、描图，就完成了洞库衬砌的结构图，但却被图纸校审人员“敲打”：在三线搞设计必须很细致，因为根本不知道后面的施工单位是谁。

在三线的设计过程中，“落地拱”这样一种建筑形态颇受推崇。若干年后，马岩土还在自己家中绘制了一幅“落地拱剖面图”。一个拱形的建筑，根基埋入地下，上面伪装了泥土、花草、假山，“看，这多符合三线建筑隐蔽的要求啊”。

山、散、隐的要求，造成三线工业的“瓜蔓式”布局。王家圻观察发现，良田被过多地占用了，厂房还特别分散，给后续的生产、经营带来了极大的不便。他便向上级建议“大分散、小集中”。这一思路在062基地的设计中被采纳。

沉睡的大山苏醒了

选点和设计工作尘埃落定后，三线建设高潮很快掀起。

“毛主席的战士最听党的话……”在那个充满理想和激情的年代，从北京、上海、沈阳、天津、武汉等大城市选调的科研人员、技术工人、大学生开赴三线基地。一时间，沉睡的大山苏醒了。低矮的茅屋、破庙，甚至老乡家的猪圈，都成为三线建设者的临时宿舍。随着队伍的壮大，大家干脆在山坡上、河沟旁搭起芦席棚、蒿草棚等简易房。

位于鄂西远安的066基地，是三院的配套生产基地。开建之初，万山厂的楚建义就住在芦席棚里。七八个人睡一个木板搭的通铺，人挨着人。正逢夏天，满屋子的汗味和脚臭味，鼾声、磨牙声、梦话声不绝于耳。

最先在黔北定点的061基地，建设目标是“二院的备份”。706所的安勇被组织谈话后欣然领命去了遵义，喝了稻田水直拉肚子，只得找些黄连素简单对付。

由于缺少粮食、蔬菜和副食，许多人进山没几个月，就变得又黑又瘦。然而，生活条件的艰苦，没有动摇创业者们的信念。他们过原始的生活，搞尖端的事业。

在秦岭深沟里，为了建设我国大推力液体火箭发动机试车台，067基地的人们展开了一幅与天斗、与地斗、与各种困难斗的壮丽画卷。

3年半后，试车台建成，十几项关键技术跻身当时的世界先进水平。凭着这股劲头，067 基地成为航天系统第一个建成投产的基地。

邢台地震后，062 基地工程指挥部从甘肃天水转战四川达县，10 万人的建设大军齐聚大巴山腹地。那里交通闭塞，一切的基建和生活物资都要从几百千米外的重庆运输。由于很多工程齐头并进，运力紧缺问题十分突出。7111 厂开工不久，砖供应不上，眼看就要停工待料。他们不等不靠，组织了 180 多名石匠攀山凿石。工厂职工、施工单位、民兵组成 3000 多人的运石大军，开展了 3 次运石大会战。

最终，这场“大会战”共搬运石头 6610 立方米，折合成砖 340 万块，节约汽车运力 2500 台次，解了燃眉之急。

一座座用石头修建的厂房、试验楼、俱乐部拔地而起，成为特色鲜明的建筑，也成为人们心中一段凝固的历史。

“运石大会战”

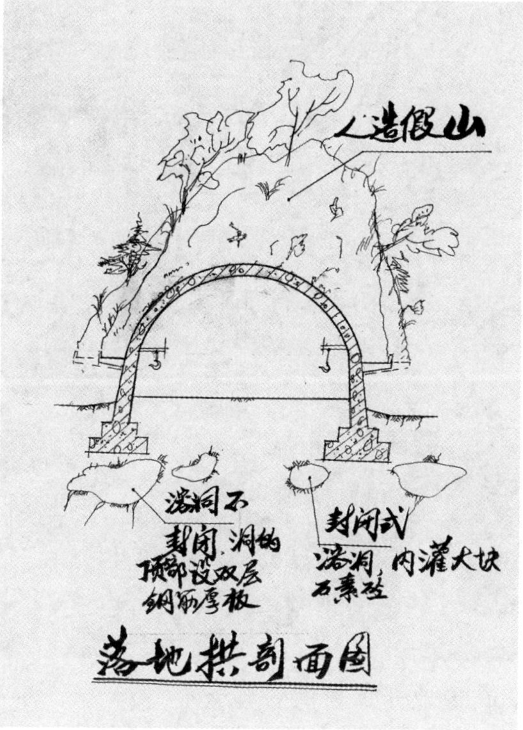

落地拱剖面图

“062 基地在建设规模、建筑面积、工艺技术以及设备先进程度、形成的生产能力等方面，当时都超过了北京基地。”原航天工业部副部长刘纪原曾撰文评价。

1970 年开工建设的 066 基地，则成为我国三线基地独立研制生产全武器系统的先行者。为走出没有主导产品的困境，066 基地决定在战术型号领域一展身手。没有研制经验，缺乏成熟的技术人才和必要的验证手段，种种现实问题在偏僻山沟里迎面而来。

“一定要有自己的争气弹！”本着这样的信念，066 基地派人外出调研，并从北京请来了留苏归国导弹专家王振华。老同志们回忆，如果没有他，巩固基地“江山”的型号产品可能搞不出来，或者要晚一些年。

十年磨一剑。某航天型号产品终于成功“分娩”，填补了国家战术导弹武器型谱的空白，并成功亮相国庆阅兵式。

十几年斗转星移，七院的人员足迹遍及七省一区的广阔地域。负责工艺工作的刘孝贤，经常奔走在不同的三线航天基地，深感基地建设的不容易。

20 世纪 70 年代中后期，三线航天基地陆续建成并投产。一批

066 基地开工前的誓师大会

门类齐全、以生产制造见长的工业基地和特色突出的专业院所，形成了中国航天工业体系的坚实支撑。

脱险搬迁　涅槃重生

仗，终究没有打起来。

党的十一届三中全会作出把工作重心转向经济建设、投资重点实行战略转移的决策后，军工单位任务量锐减，航天三线基地面临着巨大的生存压力。

易建仁是 068 工程指挥部政治部组织处的干事。1970 年，按照上级的指示，“二院的备份”从贵州调整至湖南。克服了家中重重困难的他奔赴湘西搞三线建设，原以为三五年的时间二院就会搬过来。结果，一等就是 10 年。068 基地停缓建了！

一大批从北京和其他大城市来的领导干部与科技人员陆续回城。留下来的人怎么办？

为了稳定人心，三线企业开始探索“以民养军”。在军转民的道路上，尽管也有名噪一时的产品，但在各种自然、非自然的压力面前，三线航天人备尝生活的艰辛。20 世纪 80 年代，按照邓小平“军民结合”“平战结合”等一系列重要指示，国务院作出了三线企业“调整改造、发挥作用”的重大决策。从“七五”计划（1986~1990 年）开始，一场以脱险搬迁为主要内容的三线布局调整开始了。

“由于特殊的历史背景，三线基地选址没有完全按建设规律办事，因此建成后经常遭受山洪、泥石流、地陷以及水污染等自然灾害，不仅造成严重的经济损失，且影响企业的正常生产和职工的安全生活。”时隔多年，王家圻对 067 基地那场百年一遇的大暴雨、大山洪仍记忆犹新。

1981 年，他作为七院指派的防洪设计专家去 067 基地参与调查。一路上，公路一段段地被洪水和泥石流淹没，有的厂房被洪水冲毁，有的厂房被山坡上滑下来的石头砸坏，景象触目惊心。这样的特大洪水泥石流灾害前后发生了 3 次。有外电惊呼：中国一个火箭基地从地球上消失了！

王家圻用了足足 3 年时间总结了三线建设时期的经验与不足，为后来的脱险搬迁工作作参考。

在三线，“献了青春献终身，献了终身献子孙”这句话妇孺皆知。本着“先生产、后生活”的建设原则，建设初期各基地没有幼儿园，没有学校，没有医院。父母上班，没到上学年龄的孩子满山野玩，有滚落山涧溺水的，有误食山果中毒的。王振华的小女儿就这样丧失了大好年华。

后来，虽然配套设施跟了上来，但是基础教育的荒疏，成为许多三线航天人永远的痛。高考制度恢复后，这些父辈中不乏高才生的三线子弟能走进大学校门者寥寥无几。更为重要的是，人才引不进来。

面对生存发展的种种现实问题，航天人开始从山沟转战城市，谋求更大的发展空间。

在国家政策的支持下，西安、长沙、武汉、孝感、成都、贵阳等地崛起了一个个布局合理、环境优美、设施完善的航天城。这些涅槃而生的三线企业，成为新时期中国航天的“新名片”。火热的三线建设已成历史，但无数三线航天人以赤诚和汗水熔铸的“艰苦创业、勇于创新、团结协作、无私奉献”精神，如同那绵延的大山，长久屹立于天地之间。

震动世界　中国第一箭腾飞

◎杨　成

1970 年 4 月 27 日至 4 月 29 日,《参考消息》连续多日围绕“中国成功发射人造卫星震动世界”的主题，集中刊发了来自世界各地的最新消息和评论。

在大量“目瞪口呆”“出人意料”“惊呼”等强烈情绪化词汇的背后，不难读出“1970 年 4 月 24 日，中国成功实施长征一号运载火箭发射东方红一号卫星”这一重磅新闻引发的轰动。与此同时，某些国家开始“感到新的不安”。《泰晤士报》27 日发文写道:“苏联的报纸很难向它的读者解释，一个处于政治混乱状态的据说是落后和遭破坏的国家，怎么能把一颗比苏联的第一颗人造卫星还要大的卫星射入轨道。”

从导弹到火箭

新中国成立后，周边战火硝烟不断，西方封锁与核讹诈阴霾笼罩，国家经济和工业基础非常薄弱。

1957 年 10 月，苏联发射了世界第一颗人造地球卫星，重 83.6 千克。1958 年 5 月 17 日，毛泽东主席在党的八大二次会议上宣布：“我们也要搞人造卫星！”

发射人造卫星，首先需要有运载工具，即运载火箭。但是，出于对国际形势的判断以及国家安全的考虑，直至 1964 年，我国一直优先发展研制地地导弹、地空导弹和岸舰导弹。

1964 年 12 月，时任中国科学院地球物理研究所所长的赵九章当面向周恩来总理递交建议书，文中写道：发射人造卫星和发射洲际导弹“相辅相成”。

1965 年 1 月，钱学森向国防科委提出“制定我国人造卫星研究计划”的书面报告。2 月，聂荣臻副总理指示国防科委：我国导弹必须有步骤地向远程、洲际和发射人造卫星发展。按照步骤，要先把中程导弹搞出来，作为运载工具。

1965 年 6 月，中央专委十二次会议决定：将发射人造地球卫星列入国家计划，由七机部负责研制运载火箭。

中央专委，这个鲜为人知的部门，是 20 世纪 60 年代初期中共中央为了有力领导我国尖端武器的研制而组建的，主任是周恩来总理。曾在一部十室担任总体组设计员的韩厚健回忆说：“从 1965 年起一直到长征一号火箭成功发射卫星，中央专委给了我们最强有力的领导和支持。”1966 年 1 月，七机部确定，第八设计院（上海机电设计院 1965 年 8 月搬迁到北京后的名称）负责运载火箭的技术抓总、末级总体及总装工作；火箭第一、二级选用东风四号导弹，一院承担一、二级研制和有关改变飞行程序和弹道计算的工作；四院研制末级固体发动机；二院研制火箭姿态控制系统。

1966 年 5 月，上级批准并命名我国第一颗人造地球卫星为“东方红一号”，运载火箭为“长征一号”，整个工程代号为“651 工程”。

1967 年 11 月 1 月，国防科委下发《关于长征一号研制任务移交的通知》，决定将长征一号研制任务由八院移交给一院。一院一部十室副主任陈寿椿、八院总工程师王希季办理了技术文件交接事宜。

动乱中坚守

“651 工程”刚启动，就遭遇到“文化大革命”的冲击。七机部领导机构几乎瘫痪，许多工作受到严重影响。

1967 年 3 月，聂荣臻元帅请示周恩来总理后，向中央递交了《关于军事接管和调整改组国防科研机构的请示报告》，建议各国防科研院所以及中国科学院等承担国防科研任务的科研机构，均由国防科委实行军管。毛泽东主席批准了这一建议。

鉴于 1968 年 6 月 8 日 703 所所长姚桐斌（1999 年被追授“两弹一星”功勋奖章）不幸遇害，党中央、国务院加强了对有贡献的科学家和科技人员的保护工作。1968 年 6 月 20 日，在周恩来总理的指示下，国防工办军管会主任粟裕大将在七机部座谈会上要求：“为了保障国防尖端事业的顺利发展……把这些有贡献的科学技术人员列入名单，由七机部报告上级，保护起来，加强警卫。”

在这份受保护的专家名单中，“长征一号”及“东风四号”的技术总负责人任新民名列其中。这不仅使他免受冲击，也让他有充裕的时间完成科研工作。对此，任新民始终铭记在心。任老搬过几次家，在他家的客厅里一直悬挂着周恩来总理的遗像。

时任一部十室总体组设计员的方心虎回忆，1969 年，“长征一号”进入关键的地面试车阶段，但受动乱干扰，试车无法进行。

对此，周恩来总理非常着急。1969 年 7 月 17 日、18 日、19 日和 25 日，总理连续 4 次召集有关人员开会。7 月 25 日在国务院会议厅，总理要求把七机部参加“651 工程”研制工作的 29 个单位和 3456 名工作人员造册上报，并要求按系统由各级军管会主任通知下达，所有人员要服从指挥、坚守岗位。会议最后，总理情绪激动地说：“从上到下，老老少少统统动员起来，我一天要抓一次。”

周恩来总理的号召得到一线人员的热烈响应。当年在长征一号三级试车火箭总装现场工作的韩厚健，于 1969 年 8 月 19 日记录了一个让人难忘的场景：“上星期是十分紧张的一周。张祚良

1969 月 8 月，研制人员在总装车间把长征一号第三级火箭吊进整流罩中

（一院 211 厂长征一号第三级火箭总装组组长兼发射场外场组组长）那个小组，连搞了两天两夜，再加一个白天。唐海清在夜里 12 点，碰破了头，昏了，送到医院，回来又干到天亮。政治形势的变化，带来了生产状况的突变。”

韩厚健一直坚定地认为：有了这种力量，什么困难都可以克服。

在周恩来总理的亲自过问和大力狠抓下，长征一号火箭的试车工作在 1969 年 9 月上旬顺利完成。

“沙海捞针”验方案

1969 年 11 月 16 日，“东风四号”进行首次飞行试验。它的成功与否直接关系到长征一号运载火箭的命运。随着“点火”指令的发出，一条火龙呼啸着直冲云霄。时任一院一部十室总体组组长的岳祝祯仰望天际，心里念叨着“成了成了”，没想到回到控制室，却听到“目标丢失”的坏消息。

分析故障原因后，他们发现是控制系统电路的可靠性差，导致一级发动机未能关机。

很快，在增加一个“程序配电器”备份、并在飞行程序中增加“时间备保”等提高可靠性的措施后，1970 年 1 月 30 日，东风四号导弹迎来了第二次飞行试验，取得成功。

这次成功表明：东风四号导弹的设计方案正确，长征一号运载火箭成功发射的基础已经奠定。

然而，成功的喜悦没有令发动机副主任设计师张贵田放心，他不踏实：实际飞行中的发动机高空工作的真实情况到底怎样？

要解答这个问题，就必须到火箭残骸落区去寻找火箭发动机的残骸。

来到广袤无垠的塔克拉玛干沙漠，张贵田和同事们一字摆开，二十几个人两两之间相隔十几米远，艰难地在沙漠里挪动脚步，一点一点地“沙海捞针”。

当二级发动机燃烧室和机架闪着光映入大家眼帘的时候，大家欢呼雀跃，连滚带爬地奔向这个“胖娃娃”。

张贵田和同事们仔仔细细地看了一遍又一遍——内壁光洁无损，连一点高温高压烧蚀冲刷过的疤痕都没有，漂亮极了。

大家乘胜追击，又很快找到了涡轮泵、玻璃钢大喷管残骸。

经过分析，飞行试验中二级发动机工作状况良好，设计合理，这让发射卫星用的发动机可靠性评估有了确切的依据，张贵田心里的石头落了地。

1970 年 3 月 26 日，长征一号运载火箭被运往酒泉基地。火箭全长 29.46 米，最大直径 2.25 米，起飞重量 81.57 吨，起飞推力 104 吨，近地轨道运载能力 300 千克。它的第一位“乘客”东方红一号卫星重达 173 千克，是苏联第一颗人造卫星的 2 倍。

不仅是“第一”

长征一号，“中国第一箭”，它承载的深厚内涵远不止序列排号上的“第一”这么简单。

首先，这是中国第一枚完全独立自主研制的空间运载火箭，它为中国运载火箭大家族的后续辉煌开了一个好头。

1978 年，国家隆重召开全国科学大会。在颁发给一院一部的第 0002804 号奖状中，含有两项长征一号火箭研制成果，即“长征一号卫星运载器总体设计”和“两级热分离技术方案（十室）”。

长征一号火箭总体设计最突出的一个特点是采用了“弹、箭结合”方案，坚持从中国实际情况出发，既成功发射了卫星，又

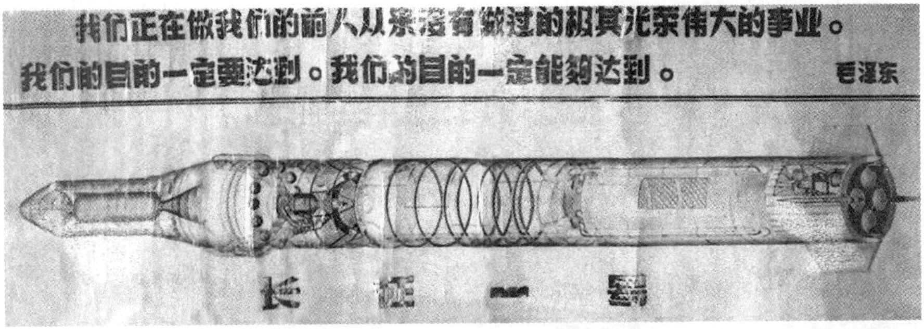

1970 年 4 月，在人民大会堂向周恩来总理汇报长征一号火箭发射东方红一号卫星用图（徐天毅 制图）

成功试验了中远程导弹；既争取了时间，又节约了经费。

所谓“热分离”技术，是指火箭可以在非失重状态下承受 2000 摄氏度高温正常分离。掌握“多级火箭”技术，保证了长征一号火箭发射东方红一号卫星和实践一号科学试验卫星都取得圆满成功。

值得一提的是，“热分离”方案被我国后来多个型号采用，一直沿用至今。

正如韩厚健反复强调的，“不要把长征一号当成老古董，它的许多技术在当时并不落后”。其次，这是一枚举国之力搞出来的火箭，其背后有一支以身许国、智慧严谨、大力协同的队伍。

今天的人们也许很难想象，1970 年 4 月 24 日，全国几乎 60% 的通信线路被调用。总参谋部组织有关省市自治区出动了 60 多万民兵沿通信线路执勤，要求每一根电线杆下面都要有人警戒，以保障卫星发射场区到各观测站的通信和数据传输。

时任一部十室 3 组设计员的张惠祺回忆：“那时候大家都把国家利益、人民任务放在头等重要的地位，每个人心里都有强烈的责任心和工作主动性。”

最后，这是一枚争气的火箭，中国人走进了空间时代。

长征一号运载火箭

1970年4月24日21点35分，长征一号运载火箭升空，15分钟后卫星入轨。东方红乐曲响彻太空，震动世界。

4月25日，在任务成功的庆祝大会上，张祚良激动地说："我们雄赳赳，气昂昂，跨进了宇宙空间！"

对于这枚"每一颗螺丝钉都是中国人自己造的火箭"，时任一部主任的谢光选只是淡然地说："我们完成了毛主席下达的任务。"但他也颇具深意地谈道，一年之后，1971年，新中国恢复联合国的合法席位。

1970年4月27日《纽约时报》发表社论说：中国人一定已经研制了强有力的火箭，这支火箭大概能够用作洲际弹道导弹。由于北京已经有了原子弹和氢弹，必须认为它的第一个卫星是个公告，宣布它有能力把核武器发射到地球表面的任何地方。

1999年9月18日，中共中央、国务院、中央军委在人民大会堂召开"两弹一星"表彰大会。对于默默托送"东方红一号"成功入轨的长征一号火箭全体参研参试人员来说，得到党中央的高度褒奖和认可让他们激动万分，走过这段艰辛历程的人们深知其意义非凡。

正如邓小平在1988年所讲："如果60年代以来中国没有原子弹、氢弹，没有发射卫星，中国就不能叫有重要影响的大国，就没有现在这样的国际地位。这些东西反映一个民族的能力，也是一个民族、一个国家兴旺发达的标志。"

蛟龙出水　雷震海天

◎ 刘　岩

20 世纪 60 年代，美苏两个超级大国进行的核装备竞赛对其他国家造成了巨大的核威慑。为打破核垄断，保卫国家安全，我国成功研制了核弹和液体地地战略导弹。但是，我国同美苏在装备的储备数量上仍旧无法相比，更重要的是缺乏“二次核打击”能力。所以，机动性强、生存能力高，且可舰载或车载发射的固体战略导弹研制被提上日程。

1965 年，周总理在中央专委会上提出要争取提前研制出固体导弹，七机部立即着手制定我国固体战略导弹发展规划。1967 年年初，国防科委经与七机部等单位共同研究后，决定集中力量开展固体潜地导弹的研制工作。夏天，周总理在一次中央专委会上提出应提前完成中远程固体导弹的研制。这一指示进一步促进了以中远程固体导弹起步的决心，也成为固体潜地导弹型号研制任务决策的由来。

我国首枚固体潜地战略导弹原本叫做“巨龙七十一号”，后改称“巨龙一号”。时任巨浪一号副总设计师王文超回忆，毛主席认为“龙”代表中国，如果研制失败，有失国家颜面，因此又改“龙”为“浪”，并于 1972 年将其正式定名为“巨浪一号”。

然而，“巨浪一号”从 1965 年提出到 1982 年成功发射，整整历经了 17 年。17 年的艰难跋涉，贯穿着曲折与心酸，充满了磨难与情怀，这是在时局动荡中艰难摸索的旅程。

一切从零开始

这是座看起来极不起眼的土坯房，名叫干打垒。屋里有个土炕，上边放着几盏灯。

很难相信，这是“巨浪一号”最初的研制基地。

在那段动荡岁月中，潜地导弹开始蹒跚起步。很多老专家靠边站，不能工作，取而代之的是几百个经验不足的年轻人，其中还有不少刚毕业的大学生。他们初次来到这无际的荒漠时，甚至有人流下了眼泪——一个世界尖端科研项目的研究基地，居然连最基本的资料室和实验室都没有，生活条件极其恶劣：漫天风沙、干旱少水、满屋灰尘……

时任七机部 17 所科技处处长庞玉宽回忆：“这里没有什么办公楼，就在床上画图。到了春天，风沙特别大，站起来后，屁股下面就是一个沙子印。”

相比硬件设施，更让这些年轻人感到沮丧的是，固体导弹技术在中国是一片空白，既没有资料，也没有经验，更不可能向其他国家学习。“潜地导弹不光在中国，在欧洲、美国和苏联都是作为绝密的武器进行研制，很少有资料可以借鉴。”原巨浪一号行政总指挥栾恩杰说。

“固体导弹弹体小巧玲珑，便于装艇、装车，从作战使用的角度来说，它反应快、发射程序比较简单，发射准备时间短，基本上15分钟左右就可以发射出去。”时任巨浪一号副总设计师侯世明表示，东风一号、东风二号导弹使用的液体发动机，个头大、准备时间长，对巨浪一号固体发动机的借鉴意义十分有限。

一切，只能从零开始。

伴有危险的突破

研制“巨浪一号”的每一步都极其艰难。

科研人员首先面临的一个难题是，固体发动机喷口的火焰温度超过3000摄氏度，而且燃烧会产生固体颗粒，这对喷管材料的要求非常严苛。在人类已知的金属中，最耐高温的是钨，然而钨的熔点刚刚达到喷口的火焰温度，如果直接使用将会带来巨大的安全隐患。为此，科研人员通过长时间攻关，终于研制出了一种特殊的复合材料，可以持续承受3000多摄氏度的高温。壳体技术的解决，使得固体发动机终于可以进入试验阶段了。

“巨浪一号”最核心也是最困难的是固体发动机研制，这个过程充满了难以控制的危险。今天，试验场的旧址依然记录着“伤痕”——地砖翘起，水泥被高温熔化，露出了钢筋。

为避免测试的冲击力对人员造成伤害，控制中心设在几千米之外。“固体推进剂的爆炸能量，比TNT（三硝基甲苯）还高，1千克的推进剂，相当于1.2千克的TNT炸药。”在时任七机部某局副总工程师邵爱民的记忆中，当年的意外事故发生了不止一次，而他印象最深的一次意外事故是在1971年。

“点火以后几秒钟，火焰就从前封头喷出来了，宿舍区那些小孩都远远地看这边的大火，我的小姑娘就跑过去问她妈，我爸今天还能回来吗？”

巨浪一号固体发动机，就这样在危险重重的洗礼中孕育，一点点走向成熟。

从学生做起

在那段特殊的岁月里，承担“巨浪一号”总体设计任务的科研人员靠着不服输的劲头，徒手画出了第一张立体结构图。但由于偏远地域信息闭塞、资料匮乏，再加上岁月动荡的干扰，总体设计的进展十分缓慢。

5 年过去了，“巨浪一号”的总体方案仍没有明确。1970 年 1 月，中央决定固体发动机的研制人员留在内蒙古，进行总体设计的人员迁往北京。

最初的设计室实际上是一所旧食堂临时改造的，但比起内蒙古来，条件改善了很多。更重要的是，这支年轻的队伍，迎来了一位经验丰富的领头人。

总体部的成员们由于刚刚迁到北京，还没有见过这位即将上任的主任，只是听说这位主任虽是控制系统方面的专家，参与了东风二号导弹的研制，但却是第一次担任导弹总体部的主任，心里不禁隐隐有些担心。

在简单的欢迎仪式上，这位新上任的主任黄纬禄真诚地说：“我是搞导弹控制系统的，对总体我很不熟悉，请同志们把我当小学生一样从 ABC 教起。”“主任这个职务是组织分配给我的工作，并不等于主任水平就高。你们向我介绍情况、反映意见时，我如果没听懂，你们不要怕麻烦，再给我讲一遍，我一定虚心地学。”听到这里，总体部的成员们在会议之前心中的担忧一扫而空。

想要胜任固体导弹技术的总负责人，唯有先成为导弹总体设计的内行。黄纬禄重新开始学习，这次的“老师”是他的下属。黄纬禄主动求教，非常刻苦。从“学生”到“同学”再到“先生”的身份，黄纬禄快速地转变着自己的角色。

总体部的成员们在这种“从学生做起”的思维指引下，大家教学相长，在研制“巨浪一号”的过程中不断取得新突破。

具有中国特色的试验模式

从头学起的黄纬禄头脑十分清醒，“我们的科研经费是人民节衣缩食省出来的，国家底子薄、经济困难，我们要为国分忧，在不降低性能指标、不延长研制周期的情况下，尽量少花钱、多办事，能节省一点就节省一点”。在千头万绪的工作中，他首先聚焦的是如何在国力薄弱的情况下，尽可能加快研制进程。

和其他导弹相比，潜地导弹的试验程序十分复杂，特别是需要大量的水下试验，才能得出关键的数据，但是水下试验技术难度很大，当时的中国既没有经验，也没有相应的技术手段。

针对这一庞大的工程，黄纬禄从必要性和可能性、科学性和经济性出发，组织技术人员对导弹的总体方案及试验流程进行了进一步分析和论证。

最终，黄纬禄和他的团队决定，第一步先在陆上的发射台发射，成功发射之后，再把导弹装进发射筒，模拟水下的发射环境，台筒试验成功后进行潜艇发射。这三步被称为“台、筒、艇”，它开创了符合我国国情的具有中国特色的三步走发射试验程序。

但是，这种独创却是出于对现实的无奈——当时的中国不可能像美国一样用高达 27.5 亿美元去研制导弹，这简直是天文数字。

1970 年 7 月的南京，骄阳似火。一台吊车把一个像火箭一样

技术人员正在对“巨浪一号”进行测试

的东西抛进水中。恐怕大桥的设计者，也绝对想不到大桥落成之后，竟然还能起到这种作用。事实上，这也是大桥唯一一次“不务正业”。

美国为了研制“北极星”，专门在近海海底搭建了一个发射台，进行模型弹试验。但中国近海没有这么深的海域，当时的技术条件也做不到去更远的地方搭建发射台。为了验证模型弹从空中落水后能冲入多深，是否有砸舰的危险，黄纬禄和设计人员经过认真分析，最终选取了离水面高度及水下深度最接近试验要求的南京长江大桥，作为弹体投放试验地。

头顶是炽热的太阳，周围是烫手的金属器材。50 多岁的黄纬禄和技术人员一样，身穿短裤，脚蹬凉鞋，在大桥上准备试验。他给大家鼓劲儿：“我们要记着刘伯承元帅说过的话，‘解放军是只猛虎，加上现代化的装备，就如虎添翼了’，我们搞的潜地导弹就是‘为虎添翼’啊。”

通过模型弹不同姿态的入水试验，考核了弹体的结构强度，测得弹体落入水中的大致深度。黄纬禄在试验之后，长舒了一口气。

1972 年，“巨浪一号”的模型弹试验通过潜水艇弹射成功，这是潜地导弹研制的关键步骤。又经过多次试验和不断改进，1975 年，“巨浪一号”的设计工作宣告完成。这时，距离最初的论证，已经整整过去了 10 年。

“巨浪”腾空起　一代玲珑骄

1982年10月1日，新华社受权发布公告：“中华人民共和国将于1982年10月7日至26日向以北纬28度13分、东经123度53分为中心，半径35海里的圆形海域范围内的公海上发射运载火箭……”这枚运载火箭就是我国自行研制的第一枚潜地导弹“巨浪一号”。

10月7日15点14分01秒，导弹点火发射。

但是，一级发动机点火后，导弹失去控制，迅即偏离方向，超出安全范围，导弹自毁。

接下来的几天，黄纬禄顶住压力，带领团队迅速判断失误原因，最后找到了答案——某个分离插头提前脱落导致失败。他们采取措施解决了问题，有效避免了类似故障再次发生。

那次试验一共准备了三枚弹。由于失败原因找得快，在禁海公告时间内还有机会再发射第二枚。但在经历了第一发的失败之后，上级对是否继续试验比较犹豫。

这时，国家发布的禁海时间已经不多了，随着时间推移，海上的天气情况很有可能恶化，将对试验造成很大影响。黄纬禄把情况向上级作了详细汇报。

上级采纳了黄纬禄的意见，决定第二枚导弹按预期时间发射。10月12日15点1分，我国常规潜水艇发射第二枚潜地导弹。按下发射按钮后，导弹迅即跃出碧海，拖着

“巨浪一号”发射瞬间

“巨浪一号”试验后，研发人员在宿舍区附近合影

长长的烟龙直上蓝天。

指挥所里鸦雀无声，只有导弹飞行情况的报告：

“导弹发射正常！”

“一级发动机点火！”

“导弹两级分离！”

“头体分离正常！”

“末区发现目标！”

“弹头命中预定海域！”

蛟龙出水，雷震海天！

那天，很少写诗的黄纬禄提笔写下一首短诗：

龙腾虎啸刺九霄，群情振奋心暗焦。
航程段段传喜讯，忧虑之情渐渐消。
忽闻落区传捷报，万众欢腾齐跳跃。
弹头中靶精度高，胜者心潮如惊涛。

留一座丰碑在静止轨道上

◎ 孙　喆

1974 年 5 月 19 日凌晨，中南海，一阵又一阵的剧烈咳嗽声震碎了黎明前的黑暗。手握一支红蓝铅笔，周恩来总理正仔细读着一封信。惊喜、激动、忧虑一浪高过一浪地向他涌来，让他许久才落笔写下批示，责成国家计委、国防科委“做出规划，督促进行”。

“519”批示是周总理生前的最后一个批示，写完这个批示之后的第十一天，他便被迫住进了 305 医院，此后再也没有回到他那张宽大的办公桌前。

“519”批示发出后，国家计委、国防科委联合起草了一份报告。1975 年 3 月 31 日，这份报告被摆在了中央军委召开的第八次常委会现场。与会人员热烈讨论并通过报告，决定马上请示中央。

此时，躺在病榻上的毛泽东主席已经停止了对一般文件的阅示，但仍然决定要亲自看一看这份报告。逐字逐句地看完后，他在报告上重重地画了一个圈。

一封来信，一份报告，究竟牵涉何等军国大事，令毛主席和周总理如此重视?

上马“331”，一刻都不能再耽搁了

时间退回到1972年2月21日，一架专机缓缓降落在北京首都机场，中国总理周恩来和美国总统尼克松的手握在了一起。

当晚，周恩来陪同尼克松一起观看当天中美活动的录像。刚看了几个镜头，尼克松便指着录像对周恩来说，现在美国人民也坐在电视机旁看我们今天的活动情况。周恩来略为一惊：是吗?尼克松笑了，“从我踏上中国领土的第一步起，我在中国每时每刻的活动情况，都通过天上的通信卫星，随时传回了美国”。

据有关工作人员回忆，周恩来听后表面显得漫不经心，但事后他急忙找来有关人员，认真询问通信卫星之事。

通信卫星是作为无线电通信中继站的人造地球卫星，它就像一位不辞辛苦的“信使”，收集着来自地面的各种“信件”，然后再投递到另一个地方的用户手里。

随着美国于1958年12月18日成功发射世界上第一颗通信卫星“斯科尔号”，人类进入卫星通信时代。在通信卫星的帮助下，美苏等国地面部队在战场上的军事通信摆脱了地面基站的束缚。同时，在全球范围内增加了为数众多的民用卫星通道。

全球卫星通信事业发展如火如荼，地球静止轨道日益拥挤，而中国还没有自己的通信卫星，国内大部分的通信信号，仍然靠地面微波信号塔进行短距离接力传输，信号抗干扰能力差，在军

事领域更是受到诸多限制。

中国发射自己的通信卫星刻不容缓。但由于“文化大革命”的干扰，即便早在1965年，中央专委就已经批准建立我国卫星通信系统，项目进展始终举步维艰，直到那封来自科技人员的《关于建设我国卫星通信的建议》的信件，送到了周恩来总理的办公桌前。

有了“519”批示，中国的卫星通信工程在1975年初春，在毛泽东主席的病榻前，终于迎来了转机。那份被毛泽东主席重重地画了一个圈的报告，正是我国正式开展通信卫星事业的指导性文件——《关于发展我国通信卫星问题的报告》。

由于中央军委批准这个报告的日期是1975年3月31日，故将中国发射通信卫星这一工程，称为“331工程”。

从1965年到1975年，起步晚了整整10年的“331工程”终于上马了。扬鞭奋蹄9年后，中国第一颗通信卫星“东方红二号”于1984年4月8日19时20分横空出世，随后正式交付使用。中

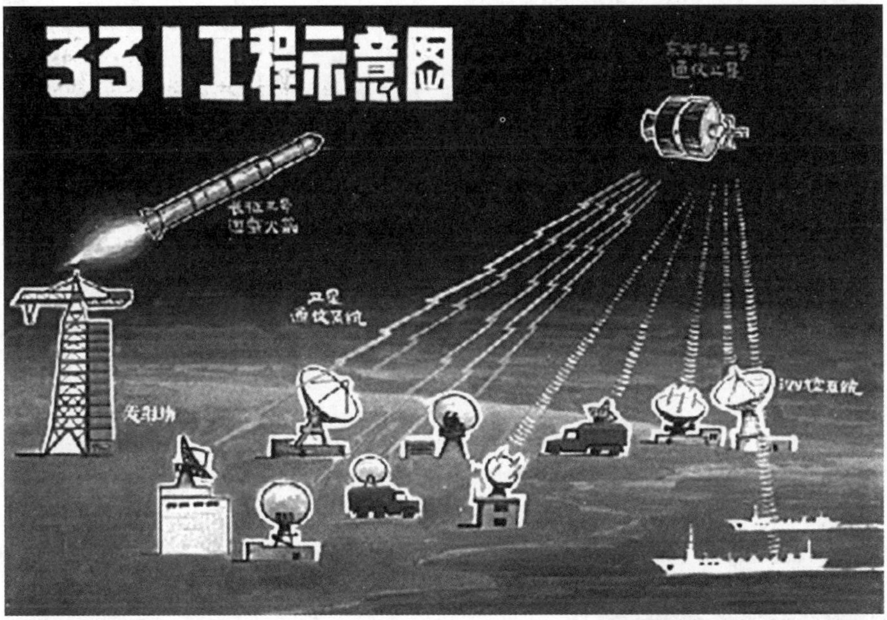

“331工程”示意图

国人终于依靠自己的技术和能力拥有了通信卫星！

“倔老头”和他的“军令状”

“331 工程”是我国 20 世纪 80 年代以前规模最大、涉及部门和单位最多、技术最复杂、技术难度最大的大型航天系统工程。为实现卫星通信，我国要同步完成相应的通信卫星、运载火箭、发射场、测控通信和应用通信五大系统的工程建设。

由于 5 个系统分别由不同的单位研制，每个系统都有总设计师或总指挥，为做好各个系统间的协调工作，工程创造性地设立了“工程设计师系统”，由时任七机部副部长的任新民出任“总总师”，全面负责 5 个系统的工作。

领衔如此庞大的工程，任新民不仅需要解决技术问题，还要用心让团队和谐相处。“331 工程”实施期间，年近古稀的他“三过家门而不入”，几乎每天都和同事们待在一起，工厂里的工人都喊他“倔老头”。

在庞大的通信卫星工程面前，最让这个“倔老头”挂心的是长征三号运载火箭。彼时，随着工程大幕的拉开，关于火箭第三级动力装置是采用常规推进剂还是采用液氢液氧推进剂的争论进入了白热化。

采用氢氧推进剂可以提高卫星在地球静止轨道上的运载能力。但研制氢氧发动机需要攻克的关键技术多、难度大，研制周期相对长。所以，部分人员认为采用推力相对不足的常规推进剂比较稳妥。

1978 年 8 月，国防科委制定了规划，将常规三级的运载火箭作为发射通信卫星的第一方案写进报批稿中，等待国防科委审批。

此时，任新民正在日本出差。回国时，他在首都机场得知了这一消息，心急如焚：根据国家当前的财力、人力、物力等条件，如果不能把氢氧方案作为第一方案，那以后氢氧发动机搞成搞不成、搞到什么时候，就很难说了。

于是，立足于长期以来对氢氧发动机的研究，着眼于中国航天事业未来发展的需要，“倔老头”任新民在国防科委召开的工作会议上力排众议：“氢氧发动机是今后航天技术发展所需要的，这个台阶迟早得上，我们现在能上得去，我可以立军令状！”

就这样，氢氧发动机成了长征三号运载火箭第三级动力装置的首选方案。

“研制液氢液氧发动机，是一个低温技术的新领域，一旦突破，会使中国火箭发动机的研制步入一个新水平，大大提升火箭的性能与运载能力。”长征三号火箭总设计师谢光选知道，“中国火箭的历史将因此被改写，中国距离航天大国的地位更近了……”就这样，任新民和谢光选带领着科技人员、试验人员、工人在氢氧发动机攻关的路上艰难地探索。

1984 年 1 月 29 日，攻克了一道道难关的长征三号火箭托举着东方红二号卫星缓缓升起，但卫星没能到达预定的地球同步轨道。

数年心血毁于一旦，问题正是出在任新民立下“军令状”坚持采用的氢氧发动机上。“倔老头”又一次站在了风口浪尖上。

大家迅速开展故障分析，提出改进措施。2 月 21 日，任新民在一片质疑声中，火急火燎地赶到北京，顶着压力向时任国务院副总理、国防科委主任张爱萍将军再次请战：“我们完全能继续组织第二次发射，而且能在 4 月底以前实施发射！”

4 月正是西昌的阴雨季节。4 月 8 日白天，西昌卫星发射中心上空乌云笼罩，发射场西边的山头笼罩在云雾中。傍晚时分，正当大家怀疑气象条件是否适宜发射时，云层开始变薄，天空开始放晴。夜色降临，发射倒计时在一分一秒地推移。此时，发射场上空繁星闪烁，空中已是一片晴朗。

19 点 20 分，东方红二号试验卫星随第二发长征三号运载火箭冲天而去。20 分钟后，广播里传来振奋人心的喜讯：火箭分离正常，卫星进入地球同步转移轨道！西昌卫星发射中心指挥控制大厅里顿时沸腾了！

此时，距离上次发射失利，不过短短 70 天。航天人用 70 个日夜的不眠不休，换来了属于中国航天的高光时刻。

给“发烧”的卫星降温

1984 年 4 月 17 日晚，夜幕慢慢降临。昆明、乌鲁木齐等地的许多市民早早地守候在为数不多的电视机前。晚上 7 点，激动的人们第一次看到了中央电视台正在直播的《新闻联播》，而在此之前，收看同样一段节目，却要等上整整 7 天。

第二天上午 10 点，张爱萍通过东方红二号通信卫星，与新疆维吾尔自治区党委第一书记王恩茂实现了北京和新疆间的第一次卫星通话。电话接通后，张爱萍扔下事先准备好的讲稿大声说：“老王，哈密瓜熟了没有？”王恩茂幽默地说：“我这就派人给你送过去！”

欢声笑语清晰有力，如在近旁。此时此刻，鲜有人知就在一周前，远在 3.6 万千米高空的东方红二号卫星刚刚入轨就遇到了一个“生死劫”。

“4 月 10 日，卫星进入准地球静止轨道向预定位置漂移的时候，西安卫星测控中心发现，卫星‘发烧了’！”数十年后，卫星控制系统总体小组组长邹广瑞回忆起当年的惊魂一刻。

当时，装在卫星上的镉镍电池温度超过设计指标的上限值，并且还有继续上升的趋势。如果控制不住，温度继续升高，刚刚

长征三号运载火箭发射瞬间

张爱萍在北京与远在乌鲁木齐的王恩茂通话

发射成功的卫星便危在旦夕……

地面技术人员测控几万千米高空发热的卫星，如同医生在治疗远距离发高烧的病人，如果不能及时为病人退烧，病人将性命不保。但“病人”并不在医生的面前，它远在3.6万千米高度的赤道上空快速飞行。

卫星总设计师孙家栋立即召集技术人员开会，很快形成了解决问题的思路。随后，他们在地面对3.6万千米高空的卫星发出了应急指令：将卫星所有功耗仪器设备全部打开，尽可能多地消耗电能，多次调整卫星姿态，改变太阳辐射角，以减少太阳能电池对卫星的供电，最大限度地增加镉镍电池放电量。

“发出开启指令!”“指令发出!”“星上接到指令，执行完毕!”……操作控制室里，指挥人员和操作人员紧张的口令声敲击着人们的神经。完成这些技术措施后，卫星的温度立即得到了控制。虽然还不能正常工作，但为最终解决问题赢得了时间。

“电池是中电 18 所研制生产的，他们紧急在真空罐中做了试验，摸清了卫星上的蓄电池温度达到 72 摄氏度不损坏，有了这个保险值，我们的心里就有底了。”多年以后，东方红二号卫星副总设计师戚发轫回忆起当年的惊心动魄，还有些激动。

经过几个昼夜的模拟试验，技术人员发现，当太阳照射角为 90 度时，卫星能源系统保持平衡，可以将温度控制在设计指标范围内。孙家栋果断命令对卫星姿态角再调整 5 度。

按照正常情况，“再调 5 度”的指令，需要根据精确的运算结果形成文件，按程序审批签字完毕才能执行。但情况紧急，各种手续都来不及了。操作指挥员感到压力巨大，临时拿出一张白纸，草草写下“孙家栋要求再调 5 度”的字据要孙家栋签名。

孙家栋毅然拿起笔，在字据下方签下“孙家栋”3 个字。指令随即发出，卫星化险为夷。

几十年过去了，当年临危签下的“孙家栋”3 个字仍然力透纸背。它记录着东方红二号卫星研制人员对技术的自信，也记录着东方红二号卫星研制领军者的果敢与承担。

如今，距离东方红二号卫星成功发射已经 36 年了。暑往寒来，“331 工程”的故事随着时光流淌已渐渐泛黄，但一座不朽的丰碑却永远留在了地球赤道上空 3.6 万千米的静止轨道上。

鹰击八号，中国人自己的“飞鱼”

◎ 李庆勤

在很多历史资料中，鹰击八号被冠称为“中国飞鱼”。在 1984 年阅兵式上，外国武官在天安门城楼上指着它大喊：“飞鱼！中国飞鱼！”这一幕被频频报道，也被记录在历史中。由此，鹰击八号也有了“中国飞鱼”的名号。然而，它其实与法国的飞鱼导弹并没有任何关系，是真真正正的“中国创造”。

从零开始的任务

对于任何一个有海岸线的国家来说，海岸防御在国家战略中都占有十分重要的地位。我国拥有绵延 3.2 万千米的海岸线、6500 多个岛屿，一旦国家受到外来威胁，保卫万里海疆，维护国家主权和领土完整，必须依靠海防导弹。

飞鱼导弹本是法国 AM−39 型反舰导弹的称谓。1982 年英阿马岛之战中，阿根廷军队用两颗价值 20 万美元的飞鱼导弹击毁了价值 1.5 亿美元的英国谢菲尔德号驱逐舰，从此法国飞鱼导弹声名鹊起。然而，此后英国勒令法国，不允许其向阿根廷售卖飞鱼导弹。阿根廷也在打完了最后一颗“飞鱼”之后战败了。

鹰击八号与飞鱼导弹大小相仿，用途相似。由此，也就有了文章开头的一幕。

在鹰击八号之前，新中国已经开始了上游一号、海鹰一号、海鹰二号的研制。这一系列成果让航天人对于海防导弹研制有了更多的信心。

1969 年 10 月 8 日，国防科委召开会议。海军航空兵部在会议上提出，希望研制一种能挂在飞机上的小型导弹。来自实战的需求，不容忽视。这个任务最终布置给了三院三部，并开始方案的论证工作。

不久后，海军正式提出研制小型导弹的要求，主要的战术指标是：射程 25~50 千米，重量 200 千克，速度为 2 倍声速，采用固体火箭发动机。

这样的要求首先需要解决的是固体火箭发动机的研制问题。此前我国已经有过仿制改型导弹成功的先例，但均为液体火箭发动机。虽然当时的研制人员也明白，液体发动机存在推进剂有污染、配套设备复杂、维护困难、填充时间长、安全性能低等缺点，被取代是必然趋势，然而手头关于固体火箭发动机的资料实在有限，完全没有可以参考的数据。

为了解决固体火箭发动机这个首要问题，三院三部 2 室成立了 12 人的预研工程组，其中从 31 所借调了丁振宗、常敬基、郑炳森等 3 位同志，开始了小型导弹的预先研究。这 3 位分别来自于哈军工、北航、南航三所高等院校的大学生，就这样开始了这项“从零开始的任务”。

多年后，丁振宗回忆往事时仍然记得：“当时院里连研制最基本的物质条件都没有。没有专业研究室和相应的物资供应部门，连研制试验工作必备的试车台也没有。”

试车台是试验发动机性能的大型硬件。没有试车台，科技人员就在云岗一处荒凉的山沟里挖个坑，竖着将半截发动机头部朝下埋进坑里，接上测试试验数据的导线，测量压力，然后换算出推力。

经过试验检查分析，发动机工作时间为 95 秒，推力为 430 千克。这标志着研制攻关组圆满完成了小推力、长时间工作的固体发动机的研制工作。参加试验的人都高兴地跳了起来，互相祝贺，山坳里传出一阵阵欢声笑语。

也正是从那次试验之后，丁振宗的耳朵里便总有一阵阵“嗡嗡”的轰鸣声，其他什么也听不清楚。很多年过去，他仍然要戴着助听器才能与人交流。

已经 80 多岁的刘庆楣回忆起当时挖坑的情形，也仍是历历在目。“当时大家都去挖坑，不管是试验员、设计员还是工人。很多当了妈妈的女同志会带着孩子一起去挖。”

试验的成功带给预研组成员们巨大的鼓舞，大家胆子也渐渐大了起来。1975 年 1 月 31 日，第四次试验时，发动机工作时长更是达到 210.5 秒，大大超过了战术技术指标要求。

追忆起当年鹰击八号被称为“小二黑”的历史原因，刘庆楣说：“‘小’是说这个导弹在设计上尺寸小，‘二’是因为它由当时的总体设计部 2 室承担，‘黑’是因为它是个‘黑户’，从 1970 年提出到 1977 年国务院将其命名为鹰击八号导弹的这几年，它始终不在国家计划内，甚至没有经费，是个‘黑户口’。”

艰难的研制

麻雀虽小，五脏俱全。“小二黑”身体小，可发动机、末制导雷达、自动驾驶仪、战斗部……什么都得有，而且什么都得小。这可难坏了设计人员。

随着鹰击八号正式从2室转交3室，“小二黑”也交到了马恒华、刘庆楣等人手中。马恒华在哈军工读了7年书，可研制导弹还是头一回。“我那个时候脑子里整天就想着，能不能做到呢？控制系统的体积、重量、空间都成问题。精度怎么能压下去？最后证明还是能做到的。”马恒华说。

这个时候，法国飞鱼导弹已经有了国际知名度，并且得到了国际上的一致认可。大家都知道法国的“飞鱼”好用，可它对于中国人只是个传说，谁也没见过。科技人员只能通过广告宣传页、推广宣传片简单了解。

这“飞鱼”与“小二黑”的总体设想框架和思路不谋而合，在一定程度上为正在开展的预研和方案论证工作开阔了视野。

有了大致的方向，具体可行的操作必须由设计人员自己来完成。不论是广告宣传页还是宣传片，研制人员看到的都只是飞鱼的外形，内里是个什么样、采用什么原理、什么技术，谁也不清楚。

不清楚，就自己干！

“一切都靠自己去做，自己设计图纸、自己加工零件、自己制造工装设备、自己装药、自己进行点火试车。不会就学，向书本学、向专家学，边干边学。”马恒华说。

从1971年至1976年的5年间，凡是能找到的书籍、报刊、资料，他们都找来学习，仔细研读。凡是与导弹关系密切的内容，他们都做了重点研究，有的还做了抄录，每个人都积累了二三十本技术笔记，甚至所有数据都是马恒华和同事们用手算的。马恒华回忆：“当时院里最高级的计算机是一台手摇计算机，我们只能手动输入数据，然后再用公式推导做计算。就是这样，也算出来了。”

这时，正值“文化大革命”的中期，预研任务又没有纳入国家正常计划，很多工作做起来十分困难。物资、器材得不到保障，设备、设施不配套；外协渠道不通畅，协作单位不配合。发动机样机总装和试车前的制造面临着方方面面的困难。

然而，科技人员并不认输。没有壳体，就废物利用，用报废的助推器外壳改造成两个发动机壳体；没搞过爆炸成型，就到工

科研人员在山沟里为“小二黑”发动机做试验

厂去虚心请教，制造出符合技术标准的发动机封头；缺少模具和设备，大家就手工剪裁隔热材料，然后再一块块拼起来；没有厂房，他们就把露天环境当厂房，一样干得热火朝天。

1977年9月15日，国务院、中央军委常规装备发展领导小组正式批准研制鹰击八号空舰导弹。从此，“小二黑”终于有了“户口”，被批准正式列入国家武器装备名单。它的研制工作也全面展开，进入快车道。

“小二黑”结婚

1980年春节，家家户户都在走亲戚、看好友、拜访长者、探望父母。然而，在鹰击八号导弹研制的科技人员心中，挂念的头等大事是如何给这个刚刚落户的“大家闺秀”赶紧选个好“婆家”。

大年初三，时任三院院长杨超时带着几个人，敲开了海军第一副司令员刘道生的家门。简单寒暄之后，杨超时直奔主题，向刘道生汇报了近年来三院的型号研制情况。杨超时说：“我们经过技术论证，建议先研制舰艇型，请首长看看能不能给鹰击八号尽早安排一个水上装载的舰艇，以便于下一步全武器系统的研制和试验。”

听到杨超时的设想，刘道生当即表示会全力支持三院的安排。在刘道生的协调和安排下，海军调拨了一艘24快艇作为载体平台。至此，大家算是吃了一颗定心丸。

也正是这一年的春天，副总参谋长刘华清与国防工办副主任邹家华正式批准决定：鹰击八号正式作为24快艇装备武器，定型后改装一个大队。至此，鹰击八号终于结束了漂泊不定的日子，找到了自己的归宿。

好事多磨，在反反复复的试验、纠错、再试验后，“婚期”终于定在了1985年国庆节之前的一个月。工程技术人员和技术工人就像爸爸妈妈一样紧张、忙碌地准备着。

参试队伍在1985年8月5日进入靶场，由鹰击八号总设计师姚绍福、副总设计师王祖全主持靶试工作，主任设计师刘庆楣任技术组长，负责试验的具体组织实施。

1985年9月1日至28日，24快艇装载鹰击八号导弹在海军发射试验基地进行设计定型飞行试验，打远、中、近射程，包括一次双发齐射和一发战斗弹，取得了6发6中的好成绩，圆满完成了设计定型飞行试验，创造了我国海防导弹试验史上的新纪录。

在当天晚上的庆功晚宴上，平时滴酒不沾的姚绍福频频举杯，与基地首长和试验队队员们开怀畅饮。此时此刻，每一个举起酒杯的人都知道，这酒里有奋斗的快乐，有艰辛的汗水，有苦恼的泪水，有奉献的甘甜，更有着自力更生、中国创造的喜悦！

“鹰击八号”验收试验现场

结　语

1984 年国庆阅兵式上亮相的“鹰击八号”

1984 年国庆阅兵时，鹰击八号尚未宣布最后定型。能够参加阅兵式，可以看出国家领导人对于航天人的信任和肯定。也正是由于这次阅兵，鹰击八号获得了“中国飞鱼”这个称号。

外国人几度怀疑，阅兵中的导弹是中国的飞鱼还是引进的飞鱼？外媒的猜测、议论不断，甚至法国军方还花了一番力气追查飞鱼导弹有无泄密问题。所得结论是，中国的飞鱼和法国的飞鱼毫无关系，那是中国人自己的原创。

从马岛战争中阿根廷的结局中可以看出，自力更生、自主创新地研制导弹武器对于一个国家是多么重要。中国人依靠自己的力量，独立自主地研制出了鹰击八号导弹，展示了中国在高新技术领域所取得的成就，在国际上引起了强烈反响，也为祖国能够昂首挺胸、充满底气屹立于世界之林打下基础。

至此，“小二黑”的故事结束了，新“小二黑”们的故事还在继续。如今“小二黑”家族的规模和实力有了大程度的提升。我国海防导弹形成了岸舰、舰舰、空舰、潜舰等反舰导弹系列，具备了抗登陆、封锁重要海域和近海作战的能力，为国家的海岸线筑起了坚固的钢铁屏障。

抢救一颗卫星　点亮漫天繁星

◎ 宋皓薇

1991 年 2 月 14 日，除夕。

我国第二颗气象卫星——风云一号 B 星在 900 千米高度的轨道上运行，经过地球极区和南大西洋上空的带电粒子密集区时，因受空间高能粒子轰击，星上计算机工作紊乱，卫星姿态失控。若不及时抢救，曾向地面源源不断发送高质量气象云图资料的它，将会变成一颗“死星”，落成太空多余物。

没有烟花，没有春晚，没有团圆饭。风云卫星战线上每一个人的心都为天上的卫星紧紧揪着。

75 天废寝忘食，75 天艰苦努力。1991 年 5 月 2 日，随着“卫星捕获地球成功”声音落地，西安测控中心大厅内响起雷鸣般的掌声。

为更全面地反映卫星设计所需掌握的基本原理和工程研制中

所需注意的问题，风云一号气象卫星总设计师孟执中带领设计师彻底梳理A星和B星的问题，总结汇编了《卫星总体与分系统部分》《卫星子系统与整机部分》《卫星评价与应用》和《卫星故障分析与对策》四册技术总结。

这些技术总结为后续卫星可靠性设计和排故提供了很好的借鉴和参考。风云一号B星的抢救技术飞轮磁控制系统方案于1992年获航空航天工业部科技成果一等奖、1993年获国家重大科技成果二等奖。

那时，工程总设计师任新民说："失败的教训比成功的经验更宝贵。我们不怕失败，但不忘记失败。"

这也许是航天科技工作者取得成功的真谛。

从A星走来——正视失败、超越失败

不经风雨，怎揽风云？风云一号B星自诞生之日起便载有这般豪情壮志。

1988年9月7日，风云一号A星发射成功。

10月15日，卫星姿态失控，没有达到预定的半年考核寿命。

风云一号A星的夭折，更激发了孟执中与科研人员研制高可靠卫星的决心。在研制风云一号B星时，孟执中与研制人员在关键设备上增加了备份，弥补了A星的不足。

其中，修改最大的是姿态控制系统。姿控系统以A星的控制系统方案作为主控手段，增加了备份星在计算机和偏置动量飞轮控制方面的备份方案，增加一整套备份系统。

同时，风云一号B星在硬件和软件设计上采用了多种技术手段，使姿态控制系统的可靠性有了明显提高；采取一系列防污染设计措施，解决了扫描辐射计红外通道受水汽污染问题，改造了发射场的测试环境，同时增加了辐射制冷器二级冷块加热去污措施……

其间，热控分系统主任设计师沈琮和负责电源系统的冯铁荣等一起做试验分析，摸清了镉镍蓄电池的充放电特性。孟执中给予了他们关键性的指导。他们复现了卫星在轨时的充放电故障现象，解释了镉镍蓄电池充放电的温度特性。

卫星总指挥韦德森总结时说：“为了提高可靠性，蓄电池的温度控制不能超过 25 摄氏度，最好给电池温控‘吃小灶’，不超过 20 摄氏度。”这一原则不仅指导了 B 星的设计，还被推荐给资源一号卫星的热控主任设计师，在资源一号卫星上也得到成功应用。它成为后续卫星型号蓄电池温度控制的设计原则，至今还在遵守。

1990 年 9 月 3 日 8 点 53 分，风云一号 B 星由长征四号甲运载火箭送入预定轨道。其间经过一次“排故”小插曲后，卫星开始源源不断地向地面发送高质量的气象云图资料。卫星工作一切正常，研制人员欢欣鼓舞，沉浸在一片喜庆之中。

重蹈 A 星覆辙

1991 年 2 月 14 日，这天对于从事了一辈子航天科技工作的孟执中来说，至今记忆犹新。那是中国的传统节日——大年三十，孟执中带领工作小组成员，在西安卫星测控中心执行任务。

当天晚上 9 点，北京气象卫星地面站发现卫星云图发生扭曲，并不停地滚动。

“又是控制系统出了问题！”在西安卫星测控中心招待所宿舍的孟执中意识到，B 星开始重蹈 A 星覆辙。

深夜，正在家中欢度除夕的控制系统主任设计师徐福祥接到从西安卫星测控中心打来的电话：风云一号 B 星因受空间高能粒

卫星在磁测试厂房

子轰击，星上计算机工作紊乱，卫星姿态失控，必须立即抢救！

经分析，卫星以每分约10转、章动角估计大于40度的状态在天上乱转。按说，风云一号B星的姿态控制系统已设计了故障自主诊断、系统重构和全方位姿态捕获等功能，处理一般的故障应是绰绰有余。然而，星上的储气（动力源）已耗尽，这意味着，卫星已失去自我抢救的动力。

当天晚上，孟执中与徐福祥在电话中商讨，取得一致意见后，立即调整偏置动量轮到最大值。

启动大飞轮后，卫星章动运动明显减小，卫星太阳电池阵供给电流从0～8安的快速起伏，转为6～8安的较平稳供电，为后来抢救卫星提供了有利条件。

徐福祥接到孟执中的电话后，第二天天刚亮便赶到上海虹桥机场，但飞往西安的飞机春节全部停飞，无奈之下，徐福祥又赶到火车站，怀着忐忑的心情登上了列车。

大年初二，当徐福祥赶到西安卫星测控中心时，他看到已几天几夜未安稳合眼的战友们投来期盼的目光，感受到卫星总设计师孟执中对他的信任和期待。工程总师任新民、卫星总指挥韦德森以及航空航天工业部领导等也随后从北京赶来。

徐福祥提出了用3根磁棒来挽救卫星的初步设想，受到了在场领导和专家的高度重视。测控中心立即成立卫星抢救小组，韦德森任组长，孟执中和徐福祥任副组长。同时，测控中心成立了抢救技术组，徐福祥任组长，成员有高火山、董瑶海、华振武、朱海园等，抢救卫星的策略和方案由徐福祥牵头，孟执中把关。

五院也先后派出了陈义庆、严拱天、章仁为等控制技术专家来西安担任技术顾问。杨嘉墀院士不顾年老体弱，在抢救卫星的关键日子里赶来，进行现场指导。

卫星抢救小组成员经过反复分析、讨论，提出了抢救这颗卫星的技术总策略，首先明确失控卫星运动方式，在地面进行失控卫星动力学仿真；其次保证太阳电池有一定的输出，为进一步制定抢救策略打下基础。

就在大家为抢救风云一号B星日夜奋战时，航空航天工业部白拜尔总工程师也来到西安。他勉励大家："我和航天部的领导充分相信你们一定会想出办法。成功抢救这样一颗几乎无法挽救的卫星，将是一件非常了不起的大事。"

卫星捕获地球成功

在那些日子里，大家夜以继日地深入思考，推导公式，寻找解决方案。

通过高火山、董瑶海等的仿真和分析计算，小组在整个抢救过程中始终有效地监视着卫星旋转的姿态。

同时，小组还找到了通过星上地平仪数据确定卫星在旋转过程中何时指天、何时指地的方法，从而发现了通过星上计算机已有软件的组合控制3根磁棒通电相位的方法。该方法又被称为磁棒通电的“电子开关”。

华振武和朱海园等完成了消旋力矩的数学仿真，选择了最佳参数，使卫星的快速旋转很快得到了控制。

卫星经过10天左右的消旋，其旋转速率从每秒60度下降到每秒几度。

为将抢救方法全部转换成西安卫星测控中心可以实施的地面操作计划，徐福祥多次给卫星测控中心的同志们上课，向他们详细讲述抢救卫星的方法、地面仿真的方法，以及如何将其转换成操作实施计划。

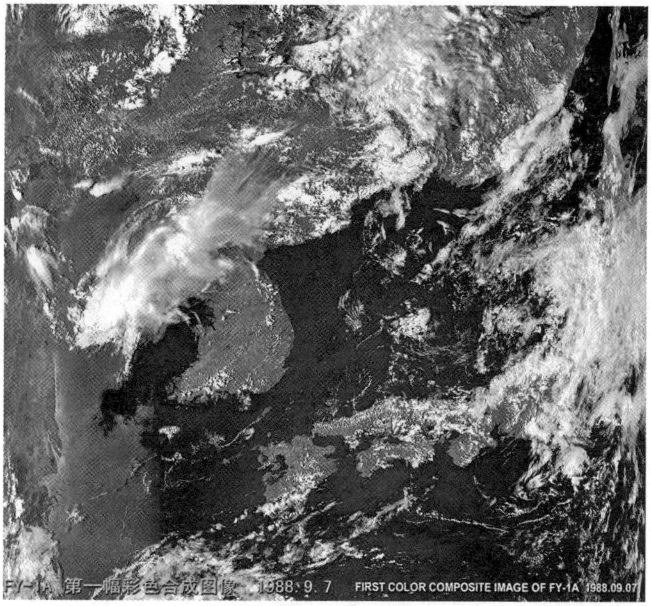

1988年9月7日，风云一号气象卫星发回的第一张云图照片

在测控中心的大力配合下，经过75天的艰苦努力，风云一号B星终于在1991年5月2日恢复正常工作。

孟执中清楚地记得，当时西安卫星测控中心的大厅内鸦雀无声，大屏幕上显示着卫星正缓慢“滚”向飞轮控制区。人们的心紧揪着，心“怦怦”跳着，双眼紧盯着大屏幕，企盼着胜利的到来。

“卫星捕获地球成功！”

长征四号甲运载火箭发射瞬间

现场指挥响亮的报告声一落地，大厅内立即响起了雷鸣般的掌声和欢呼声。国防科工委、航空航天工业部、国家气象局、西安卫星测控中心、五院和上海航天局的领导都向抢救组发来热情洋溢的贺电，对抢救成功风云一号卫星报以热烈的祝贺。

航空航天工业部领导在贺电中说：“成功抢救风云一号卫星是中国航天史上的奇迹，也是国际航天界的罕事。”

在磨砺中迈向未来

风云一号 B 星经 75 天地面测控抢救，虽然排除了故障，恢复了工作，但终因星载计算机受空间环境影响而频繁跳变，未能完全回到正常状态。该星断断续续工作到 1992 年 11 月，在轨累计正常运行 285 天，未能达到一年的设计寿命指标。

这成了与卫星打了 30 多年交道、看着卫星“长大”的孟执中心中抹不去的痛，也更加坚定了他求胜的信念。

孟执中带领“风云一号”的设计师将卫星研制过程中所出现的问题和解决办法系统总结、汇编成册，以供后续卫星研制者参考。他亲自主编，全程参与，并亲笔撰写了其中的重要章节。

中国科学院空间中心的一位专家在看到这本专集后，称这是他看到的最好的、最有价值的关于卫星故障的技术总结，为后续卫星可靠性设计和排故提供了很好的借鉴和参考。

风云一号 A 星是我国第一个太阳同步轨道卫星，被誉为中国航天卫星技术上的第三个里程碑。而 B 星在 A 星的基础上进一步采用了微型数字计算机作为卫星的控制中心、80C86 做 CPU、偏置动轮量姿控系统方案等具有开创性的技术实践。这些卫星计算机的技术设计创新，为后来的卫星型号所继承和发展。

回顾“风云一号”研制历程，那些失败教训，向浩瀚宇宙洒下点点星光。在磨砺中，一批青年人才成长为骨干，他们从失败中走过来，以攻坚不怕难的韧劲，在后续卫星研制中奉献智慧与汗水，助推“风云”卫星迈向广阔未来。

红旗猎猎振军威

◎ 李　东

1984 年，我国在北京天安门广场隆重举行了新中国成立 35 周年盛大阅兵式。此次阅兵是我国 1959 年后在天安门广场举行的第一次阅兵式，也是改革开放后人民军队第一次接受党和人民的检阅，参阅人员和装备备受瞩目。

在众多参阅装备中，由导弹牵引车牵引的 32 枚防空导弹方队的首次亮相格外引人瞩目，这也是国产红旗二号防空导弹系统首次在阅兵中公开亮相。

在新中国一穷二白环境中艰难诞生的“红旗一号”“红旗二号”实现了中国防空导弹零的突破，并成功击落了美制 U-2 高空侦察机，捍卫了伟大祖国的神圣领空。20 世纪 80 年代，我国又成功研制出第二代防空导弹，实现了我国防空武器更新换代的关键转型。进入新时期，我国在防空导弹研制中主动求变，形成了“探

参加 1984 年国庆阅兵的红旗二号导弹方队

索一代、预研一代、研制一代、批产一代”的协调发展格局，从而实现了我国防空武器的跨越发展。

首创防空导弹击落敌机先河

世界上首款地空导弹是德国在第二次世界大战期间研制的。在此后的十几年间，尽管世界各国研制并装备了多款地空导弹，但从未有过用地空导弹击落敌机的记录。

抗美援朝战争结束后，在美国的支持下，国民党飞机对大陆的袭扰越来越猖狂。受战斗机性能的限制，当时我国空军无法击落国民党的高空侦察机。1957 年间，国民党侦察机共进入大陆侦察 53 次，我空军出动战斗机 69 架次拦截，无一成功。

1958年，我国正式组建了地空导弹部队，共3个营，均为团级编制，使用的导弹为从苏联引进的萨姆-2（C-75）防空导弹。

1959年，在新中国成立10周年前夕，导弹二营驻守北京开始担负国庆期间的防空任务。同年10月7日，导弹二营用萨姆-2导弹一举将窜入北京上空的国民党RB-57侦察机击落，开创了我国及世界防空作战史上第一次使用防空导弹击落敌机的先河。

此后到1967年9月，我国共击落了5架国民党U-2侦察机，成为世界上打下该型机最多的国家。其中，导弹二营转战大江南北，机动设伏，先后3次击落U-2侦察机，取得国土防空作战的巨大胜利。正因如此，导弹二营被国防部授予“英雄营”的称号，营长岳振华也被授予“空军战斗英雄”的荣誉称号。

按照当时的奖励规定，通常给予作战有功人员的奖励是晋级和晋衔。晋级意味着涨工资，晋衔的通常说法就是在军衔上加“星”，而在那个年代提前晋衔的荣耀和影响都是巨大的。

打下第一架敌机不久，空军司令员刘亚楼便提前将岳振华的少校军衔提为中校。此后，随着岳振华不断地打下敌机，他的军衔上也不断地加“星”，最终成就了广为流传的“大校营长”佳话。

从引进使用到自主仿制

20世纪50年代，我国能用于对付U-2侦察机的武器只有此前从苏联引进的50多枚萨姆-2导弹，偌大的中国领空，怎么能仅依靠几十枚外国导弹守护?

因此，在防空部队转战祖国大江南北的同时，航天系统对苏联导弹系统的引进消化吸收也在紧锣密鼓地同步进行。1958年，在苏联的帮助下，国防部五院开始仿制萨姆-2地空导弹，仿制代号为“543”。

1959 年 12 月，国防部五院一分院、二分院分期分批派出 17 个设计师驻厂工作组，一方面向苏联专家学习，一方面开展仿制工作。

然而，1960 年 7 月 16 日，苏联政府通过其驻华使馆突然照会中国政府将撤走所有援华专家。在此后 1 个月的时期内，全部苏联专家被撤走。

面对突如其来的变化，聂荣臻元帅指出："要发挥中国专家的积极性，依靠自己的技术力量，把'543'仿制出来。"这句话无疑给广大航天科研人员打了一剂强心针。他们克服困难，自力更生，把力量集中到仿制工作上来，有力地促进了"543"的仿制进度。

与此同时，1961 年 5 月，上海机电二局也接到了仿制"543"导弹的任务。"在地方的大力支持下，我们根据'边基建、边练兵、边试制'的原则，不畏工作上的困难和生活条件的艰苦，边改建扩建厂房，边搞设计研制和进行工艺练兵。那时一个通宵的加班只有 0.27 元补助，领导干部还带头一分钱不拿，但是大家依然干劲十足，吃住都在厂里，加班加点是家常便饭，通宵达旦也不足为奇。"一位当时参加仿制工作的老同志回忆道。

1964 年，"543"正式定名为"红旗一号"。

1965 年 1 月 10 日，一架 U-2 侦察机趁着夜色侵入我国华北上空。这时，隐蔽在内蒙古包头市东南方向的空军地空导弹部队，用国产红旗一号地空导弹一举击落了这架敌机，开创了首次夜间击落 U-2 的先例，活捉了敌机飞行员，并缴获了敌机上的全部电子设备。

钟山院士后来在谈到这一段历史时评价说："'543'仿制成功的意义在于它使中国形成了一条能生产并装备部队的完整的地空导弹生产线，形成了立足国内的全套生产协作网，在国内建立起

全套武器系统独立生产的条件，为中国培养出第一支年轻的初步掌握地空导弹系统研制技术的设计队伍，为中国自行设计地空导弹武器系统奠定了基础。”

“近快战法”擒“飞贼”

在积极仿制“543”的同时，航天科研人员也在为部队防空作战提供智力支持。原来，被我防空导弹击落后，U-2 侦察机又学会了机动逃逸，即我制导雷达一开机，它便机动逃出防空导弹杀伤区。为此，空军要求国防部五院帮助解决这一难题。

“U-2 侦察机肯定加装了新的电子侦察系统，所以能够接收到地面导弹雷达开机的信号。”国防部五院二分院得知情况后迅速组织讨论，专家得出一致结论。

对于加强电子装备的 U-2 侦察机，当时即使是苏联也只是提出警告和抗议，从没有击落过。讨论会上大家争论不休，此时一向沉默的雷达专家张履谦发话了：“从制导雷达打开天线到飞机成功逃出导弹威力区，一般需要 20 秒钟的时间。我们可以先不开导弹雷达，用炮瞄雷达发现目标，然后把炮瞄雷达的信息转到导弹的机器上，等飞机飞到导弹威力区，一开机就能打，让它来不及跑就挨揍！”

简单几句话，“近打、快打”的战术原理让在场所有的专家和官兵都愣住了。后来，地空导弹部队的官兵们根据“近打、快打”的建议，尝试着缩短制导雷达打开天线的距离。“常规情况下距离目标 75 千米被压缩至 43～45 千米，改进后的导弹发射程序由 8 分钟缩减为 8 秒钟。”张履谦回忆道。

在“近打、快打”的功劳簿上，还有一个响亮的名字——我国地空导弹专家于本水。在他的书架上，摆着一本《英华大辞典》。这个被于本水视为宝贝的大部头，是 50 多年前他荣立三等功获得的奖励。

当时，于本水带领整个小组昼夜加班，经过大量数学仿真计算，终于拿出了一个有效方案，被空军指战员称为“近快战法”。这种方案根据 U–2 侦察机的机动性能和我防空导弹的作战能力，提出压缩制导雷达开机距离和发射导弹距离，并辅以兄弟火力单位佯攻。

一旦按此方法发射导弹，敌人就难以逃脱被击落的命运，空军导弹部队用这种方法很快就取得了一些战果。

1963 年 11 月，从温州进入大陆的 U–2 侦察机被导弹击中爆炸，此后，配有更先进电子侦察接收报警系统的 U–2 侦察机再次被打下，“近快战法”战术获得了成功。

“近快战法”以其卓著的赫赫功勋，在航天和中国人民解放军防空作战的历史上留下了永不磨灭的印记。

从自主仿制到改进升级

1964 年 1 月，国防部五院提出在红旗一号导弹的基础上研制红旗二号导弹的任务。

1965 年 4 月，七机部召开红旗二号导弹研制工作会议，决定由二院负责导弹总体技术及遥测弹设计试制，陈怀瑾为总设计师。

一天，七机部部长王秉璋在二院组织召开红旗二号雷达方案论证评审会。会上，张履谦建议优先研制照射体制雷达站，“这样可以使红旗二号导弹威力比红旗一号导弹提高 10%，同时抗干扰能力显著提高。”经过讨论，该方案得到了肯定。钱学森总结道：“照射体制方案经过实战考验，靠得住，有提高，可以很快出成果，是可行的。”

从1965年4月至1967年2月，设计人员和工艺人员密切配合，同心协力，研制进展很快。1965年6月至1966年2月，红旗二号进行7枚飞行试验，结果证明设计满足要求；1966年7月至12月，红旗二号导弹两次进行定型飞行试验，第二次取得6发5中的好成绩。

1967年7月，红旗二号导弹定型装备部队。同年9月，U–2侦察机再次飞临我国华东地区上空。我指战员一声令下，一枚红旗二号导弹腾空而起，成功击落入侵该地区的U–2侦察机。

1973年8月，为进一步提高抗干扰能力和生存能力，航天科研人员决定对红旗二号导弹进行改进设计。1984年，红旗二号甲导弹定型，该型号导弹不仅提高了飞行速度，增大了作战空域，而且提高了抗干扰、攻击垂直机动目标和武器系统自卫的能力。

1977年6月，我国又开始研制红旗二号乙地空导弹。1980～1986年，红旗二号乙导弹武器系统先后安装到履带车上，进行实弹射击试验和鉴定飞行试验，均获成功。

红旗二号导弹

安装在履带式底盘上的红旗二号乙导弹

红旗高扬谱新篇

红旗二号导弹是我国自行研制的开山之作，在此基础上经过多年的艰苦奋斗，我国的防空导弹已经走上了规范化、系列化的轨道，形成了远中近、高中低火力配系的空天防御体系，实现了由过去要地防空扩展为区域防空的跨越。

近年来，随着航天科研人员的不懈努力，大量“红旗”系列防空导弹系统装备我军，这些装备无论是其性能水平还是系统规模，都比以往型号有了相当大的提升。

中国军控与裁军协会高级顾问徐光裕对此评论道：“多样化、多射程的防空导弹武器系统的装备，不但意味着今天的人民解放军拥有了更强的战斗力，也表明我国国防工业的科研生产水平上了一个新台阶。”

归零，在挫折后开启

◎ 高一鸣

1996 年 2 月 15 日凌晨，西昌卫星发射中心，长征三号乙运载火箭在灯与夜的交织中，更显高峻挺拔。

这是我们的“梦之箭”，是当时中国运载火箭技术的“集大成者”。有了它，中国火箭地球同步转移轨道运载能力将跃上 5 吨大关，外可在国际市场开疆拓土，内可为我国空间事业拓宽高轨舞台。

发射工位附近的控制室，火箭雄姿展现在大屏幕上，兼任火箭“两总”的龙乐豪和战友们望着它，父母的慈爱，临别的焦虑，圆梦的渴望，汇聚在复杂的目光中。

同样的画面，也展现在西昌指挥大厅的屏幕上，展现在国内外观众和客户的电视屏幕上。

3 时 1 分 7 秒，火箭踏着烈焰准时腾空，然而，仅过了 3 秒，

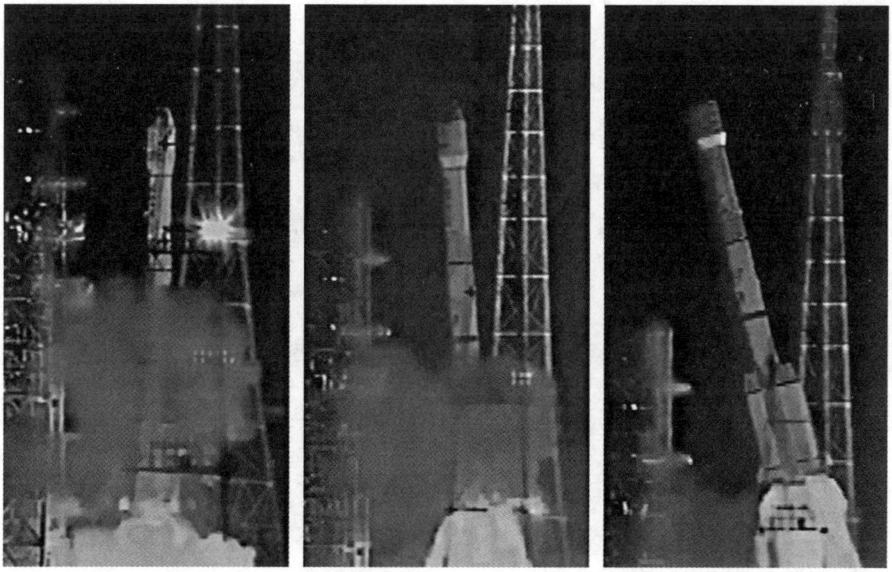

1996 年 2 月 15 日，“长三乙”起飞过程

火箭就开始倾斜、俯仰，动作越来越大，似白衣骑士与黑夜竭力搏斗，跌在山坡，爆出一团冲天大火，照亮了大凉山谷。

供电受损，信号中断。从西昌到美国，所有直播发射的屏幕一片漆黑，正如进入至暗时刻的中国航天。

百吨巨箭，败于毫末

这不是中国航天在国际商业发射中的第一次失利。

1992 年 3 月 22 日，专门为国际商业发射服务研制的运载火箭长征二号 E（即“长二捆”）发射“澳星”。全球瞩目下，装着数百吨推进剂的火箭点火后紧急关机，仍坐在发射塔上，随时有可能倾倒、爆燃。

抢险 39 小时，星箭保住了，但国内外舆论已迅速发酵，扔来一串沉重的问号，让身背巨额研制贷款的航天人难堪其负。

经过不分昼夜的故障分析、试验、复现，他们终于查清：在火箭控制系统中，程序配电器控制点上有铝质多余物，熔化后造成控制接点短路，导致Ⅰ、Ⅲ号助推火箭发动机氧化剂副系统断流阀门提前关闭，进而导致发动机自动紧急关机。

多余物，是困扰航天人几十年的质量问题。而这次绊倒航天人的铝屑，仅有 0.15 毫克。

专家认为，这极有可能是工人在最后拧紧程序配电器的铝质外壳螺丝时带下去的，它必须正好碰上配电器里 10 个触点中电流最大的第四触点、必须在弹簧片动作的瞬间接触到该触点，才能导致故障发生。

概率极小，却没逃掉。

1992 年 3 月 22 日，“长二捆”紧急关机

偶然还是必然

极其偶然的故障背后，是质量管理水平跟不上型号需求的必然。

原中国航天工业总公司（以下称“总公司”）质量技术监督部部长邵锦成回忆，当时型号强、基础弱，型号指挥调度强、质量管理工作弱的情况长期普遍存在。“质量规章落实不彻底，要求层层衰减，人为、重复故障常有发生。质量规范、标准层次多，可操作性差，和具体的型号工作‘脱节’。质量工作看起来文件多、会议多，但提的多是一般号召和通用要求。在硬件上，工艺、检测、试验手段的落后，也严重阻碍着型号产品质量的提高。”邵锦成说，形成这样的局面，主要是因为航天质量工作没有跟上市场化改革的脚步。

从 20 世纪 80 年代至 90 年代，我国各行业开始由计划主导转向计划与市场相结合，后来又向市场主导转化。航天系统也是如此，从买原料、元器件到交产品，签合同替代指令性计划渐成主流。而许多人对质量技术工作的看法仍逡巡在计划经济阶段，导致质量部门能调动的资源极少，“只会喊口号”实为无奈之举。

与此同时，航天人的物质待遇渐渐被市场前沿甩开，有人生活窘迫。大潮拍打着院墙，让许多人很难安心搞型号。

为了在老本行活下来，航天人又要背着压力、质疑甚至贷款，上马新项目，仅运载火箭型号就有长征三号（商业发射状态）、长二捆、长征三号甲系列（长三甲、长三乙）、长征二号丙改等。低待遇与高压力交叠，技术积累又不足，质量隐患难免。

“长二捆”发而不动，虽丢了脸，却也以最小的代价警醒航天人——质量工作到了非改不可的地步了。

挤出 1 亿多元

让质量部门“有米可炊”，是改革的重点之一。“322”失利后，原航空航天工业部副部长刘纪原、王礼恒要求质量部门梳理型号研制过程中的质量“常见病、多发病”，进行技术改造。1993年，航天工业总公司成立后，总经理刘纪原下决心，在资金极为紧张的情况下，每年给质量专项技术改造挤出 3000 万元。

“总公司的 3000 万元，加上院所自筹资金，持续 3 年，共 1 亿多元，这在当时是难得的巨款，体现了高层的决心，”原总公司质量技术监督部副部长高顺林回忆，“但这钱要是撒在全系统，远远不够，所以要抓重点，先攻‘卡脖子问题’，譬如多余物、检漏……”

当然，挤出资源放在质量专项技改上，并不是所有人都能接受的。“工作实在推进不下去的时候，刘纪原就直接召集质量部门与相关方开会，协调改革。”高顺林说。

在“有限目标、突出重点、以点带面”的指导思想下，质量部门制定了质量专项技改的原则和投资方向，直接组织论证、选型、采购、配置设备，组织跟踪、交流应用新设备的工艺攻关，直到编制了工艺、培训了人员、在型号产品上出实效。

硬件渐渐改进的同时，质量意识与技术培训也抓了起来。

从 1993 年起，航天系统将每年的 3 月 22 日定为航天质量日，进行多种形式的质量宣传教育活动。

从 1994 年起，总公司连续 3 年开展以安全质量为中心的思想作风纪律大整顿，建立起三级质量培训机制，按干部管理权限，进行分层次的全面质量意识与技能培训。

1995 年，总公司党组 1 号文件确定当年为航天质量年，以消灭重复故障和人为责任事故为主要目标，并举办了 4 期质量高层培训班，各院院长、型号“两总”、总公司机关部门正职领导参加。邵锦成回忆，当时，刘纪原带头学习研讨，极大地促进了各级一把手学习质量知识、提升质量意识。

然而，庞大的航天系统转弯不容易。当质量改革的步伐尚未追上型号需求时，中国航天史上最惨痛的失败降临了。

血的代价

长征三号乙火箭“215”惨败，共造成 6 死 57 伤。而外媒未经核实，就把伤亡的数字炒到几十甚至上百倍。

火箭托举的“国际 708 星”也在爆炸中化为灰烬，虽有保险公司赔偿，但我们的损失仍难以估量。总公司驻美首席代表黄作义介绍，这是国际通信卫星组织的一颗重要卫星，而该组织又有着举足轻重的地位。毁了他们的星，以后在国际商业发射市场上将举步维艰。

果然，多家外国客户迅速表示，取消购买中方发射服务的订单，造成的经济损失达数亿美元。就连即将进场的“亚太一号 A 星”的美方工作人员也不敢来了，担心发射场有污染。中方经过严密检测，确认现场没有留下严重污染，不影响后续人员进驻。

更难说服的是保险界。“215”后，国外保险企业要么拒绝为中国商业火箭担保，要么借机哄抬价格。经过反复博弈，国外保险企业才在最后关头同意为长征三号火箭发射“亚太一号 A 星”承保。7 月 3 日，长征三号火箭成功发射“亚太一号 A 星”。不料，8 月 18 日，又是从西昌起飞，长征三号火箭把我国从外国购买的“中星七号”扔在了“半路”，长征火箭国际信誉损失殆尽。

9 月，中方完成长三乙火箭首飞事故调查，对外发布结果：由于火箭四轴平台的随动环稳定回路功率级无电流输出，导致内环工作异常，致使惯性基准发生变化。

火箭惯性平台就像使人类保持平衡的“小脑”。故障发生后，它向火箭控制系统传递假消息：火箭在做正俯仰和正偏航运动。控制系统一“听”，立即控制火箭进行负俯仰和负偏航以纠正，导致箭体快速向预定射向右前方倾倒。

“还是工艺质量有缺陷。”多年后，龙乐豪回忆当时的情形仍遗憾不已。“两个不同的金属焊在了一起，直径只有头发丝的几十分之一，起飞前 3 秒就已经有脱开的迹象，当火箭一点火、一振动，很快这个导线结点就开了。”

质量管理的“学费”，该交，各航天大国无一例外。“但就我们当时的处境而言，这学费交得有点晚了，也有点多，甚至付出了血的代价。”邵锦成说。

归　零

被长三乙首飞箭炸毁的，还有全面开展质量整顿与改革工作的阻力。

“1997 年年初，‘提高航天发射成功率’被写入中央政治局下发的工作要点。‘215’失败后，为提高全员质量意识，质量部门提出推行零缺陷管理方法，但在实际工作中推行得很困难；1997 年年初，原国防科工委主任曹刚川在一次会上要求质量零缺陷，我们再推行起来就容易多了。”邵锦成说，中央和总公司党组的支持是推进质量管理改革的坚强后盾。

1997 年、1998 年，总公司党组 1 号文件都以“以质量求生存，以管理促发展，着力抓落实”为题，将质量工作作为总公司第一位的中心工作。

1997 年春，《中国航天工业总公司强化科研生产管理的若干意见（试行）》（即“72 条”）、《强化型号质量管理的若干要求》（即“28 条”）先后发布。

“28 条”归纳了设计、生产、元器件、原材料、标准件、工艺制造、检验检测等方面最紧迫的质量管理问题，要求明确，可操作、可检查，增加了新的加严措施，为消除质量管理体系与实物质量脱节的现象提供了途径和载体。随后，总公司还进一步建立了独立的质量监督代表系统。

为总结经验教训，避免重复故障，质量管理部门先后总结出质量问题在技术和管理上“归零”的五条标准。在总公司的强力推动下，“双五条”归零原则逐渐深入人心，已成为保障飞行成功、促进技术人员水平提升、避免故障再次发生的“法宝”。

多年后，航天科技集团主导制定国际标准 ISO 18238 Space systems—Closed Loop Problem Solving Management（航天质量问题归零管理），于 2015 年由国际标准化组织 ISO 正式发布，成为普遍适用的宇航规范。

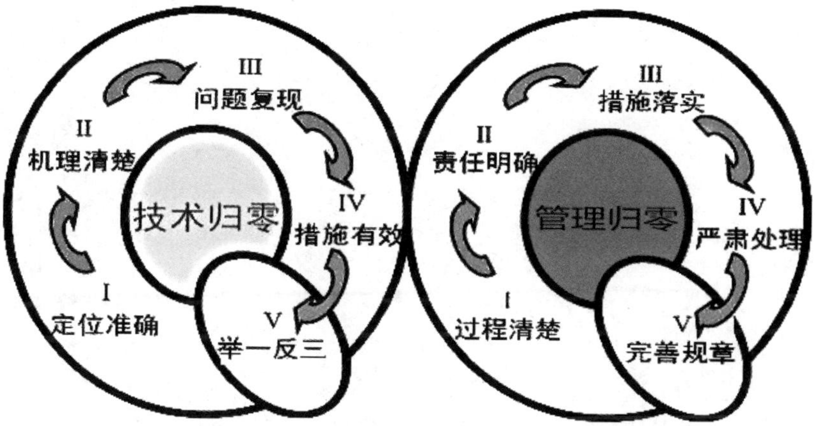

“双五条”归零示意图

有规必行，赏罚分明。1996 年至 1997 年，数百人因在质量上“犯规”受到处罚，包括多名厂所级领导。

1996 年 10 月，已立在发射台上的长二丁火箭突发故障，经严格的故障复现、技术分析和举一反三，才被放行，并成功发射一颗返回式卫星，拉开了长征火箭 75 连胜的序幕。

1997 年 5 月，长三甲火箭成功发射新一代通信卫星东方红三号；6 月，长征三号火箭成功发射我国首颗高轨气象卫星风云二号；8 月，长三乙火箭将美国为菲律宾研制的马部海通信卫星送入预定轨道，复飞圆满成功……

回顾那些年的质量整顿与改革工作，长三乙火箭首飞失利不是起点，却是重要的突破点；后来的连续成功，也不是一蹴而就，而是基于多年质量改革的大刀阔斧与抽丝剥茧。

成败有果，心态归零；成败有因，警钟长鸣。航天质量就是生命，航天质量永无止境。

1999，神舟飞天

◎ 魏京华

神舟十号飞船返回前夕，位于内蒙古四子王旗的飞船着陆场迎来了一位满头银发的长者。负责接待的人听说他是一位德高望重的航天专家，便问道："您是想看神舟五号的着陆点，还是神舟六号的？"——来着陆场的人基本都是这几个选择。

然而让他想不到的是，这位老专家执意要看神舟一号飞船的着陆点。彼时距离神舟一号飞船返回已过去十几年，加上很少有人参观这一着陆点，以至于它的位置已经很少有人记得。

兜兜转转，在走错好多次路之后，他们一行人终于到达目的地。老专家缓缓下车，看着坑坑洼洼的着陆点，思绪万千。

这位老专家便是我国神舟系列飞船总设计师戚发轫院士。从神舟一号飞船开始，他就想到着陆场看看，没想到这一愿望十几年后才实现。

后来，谈到执意要看神舟一号着陆点的原因时，戚发轫这样说："神舟系列飞船中，我对神舟一号的感情最深。它实现了从无到有的跨越，是最难的，也是最重要的。"

白手起家

1992年9月21日，江泽民同志在中南海怀仁堂主持召开了中共中央政治局十三届常委会第195次会议，专题审议我国发展载人航天工程的有关问题。会议决定：中国载人航天工程立项上马，从发展飞船起步，代号"921工程"。

由此，中国载人航天工程的大幕正式拉开。工程分为七大系统，其中载人飞船系统无疑是技术最复杂、创新性最强、跨越性最大的系统。时年59岁的戚发轫接过帅印，成为我国第一艘神舟飞船的总设计师和总指挥。戚发轫搞过导弹、火箭，后又去研制卫星，经验十分丰富。然而，对于他和新组建的团队来说，研制载人飞船是一次全新的挑战。

载人飞船的复杂性从其方案论证阶段的纷争便可窥一二。那时，中国航天出现了两种声音。一种声音认为，中国载人航天应该借鉴美国用过的两舱方案，有一定的发展余地；另一种声音认为，应该借鉴苏联在用的三舱方案比较稳妥。

两方专家谁也说服不了谁，方案一直不能统一，导致后续研制工作无法开展。中央专委领导心急如焚，把统一思想的任务交给了当时的航空航天工业部。航空航天工业部领导动用航天界的5位权威专家投票决定。最终，具有中国特色的三舱方案得票最多，由此结束了旷日持久的大讨论。

在讨论方案的同时，飞船系统的总体单位五院还在同步进行着另外一件大工程。这个工程直接关乎载人飞船的后续研制，那就是航天城的选址建设。

与火箭、测控等条件相对成熟的分系统不同，飞船系统从一开始就面临没有场地、没有设备的困境。由于飞船比卫星的体积大好几倍，原先用于卫星研制的场地特别是地面试验设备，无法直接用于飞船研制。

曾经参与过我国第一发导弹、第一枚火箭和第一颗卫星研制的戚发轫，心里很清楚地面试验设备的重要性。“载人航天，人命关天，必须保证万无一失。之前型号研制的失败教训告诉我们，地面试验必须要做充分，才能确保成功。”戚发轫说。

为此，国防科工委和航空航天工业部决定，在载人飞船研制开始的同时，立项新建北京空间技术研制试验中心。

于是，在讨论研制方案的同时，飞船系统研制团队还将很大精力用在了航天城的建设上。那个时候，戚发轫经常陪各级领导去北京周边考察、选址。在先后考察了大兴、朝阳、海淀之后，航天城最终落户北京西北部的唐家岭。

1994 年 10 月 28 日，唐家岭航天城破土动工。在奠基仪式上，中央军委原副主席刘华清冒着寒风，亲临现场，挥动铁锹，为奠基石埋上了第一锹土。

新的航天城要怎么建，飞船研制要用到哪些设备，这些设备如何研制？这些挑战对五院来说一点也不比研制飞船小。从 1994 年 11 月到 1998 年 6 月的 3 年多时间里，在多方支持下，五院打破建设常规，边设计、边出图、边建设，在工期极紧张的情况下，成功完成了一期工程。原来的田野上，一座全新的近 10 万平方米的建筑群拔地而起。这里有采用国际最先进的 AIT 一体化设计思想建成的总装厂房，有亚洲最大的真空罐和电磁兼容实验室以及世界最大的振动台……

新航天城的诞生使得飞船系统的研制能力大大提升。

“争八保九”

神舟飞船的研制一直牵动着党和国家领导人的心。1998 年 11 月 10 日至 11 日，两天时间里，江泽民、李鹏、朱镕基等分别视察五院，看望了正在参与载人航天工程研制的航天科技人员。

看到原来的庄稼地里建设出一个如此大规模且现代化的航天城，江泽民十分高兴。当时，飞船研制正在如火如荼地进行，真空罐、振动台、电磁兼容试验室等都是一派忙碌景象。于是，江泽民便问戚发轫：“明年能发射吗？”

实际上，早在 1992 年载人航天工程立项之时，中央确定的目标就是“争八保九”，即力争 1998 年、确保 1999 年发射第一艘飞船。1999 年发射似乎是箭在弦上的事情。

然而，按照飞船的正常研制程序是不行的。此时神舟飞船还处于初样研制阶段。中国航天有一个比较成熟的研制习惯，上天的航天器必须要经过初样、正样两个阶段。初样在地面做完各种试验，充分暴露出问题，更改设计后研制出正样产品才能上天。

那时，火箭团队已经准备在 1999 年进行首次发射试验，考察长征二号 F 火箭的表现。飞船还没有研制好，当时又没有卫星发射任务，于是“打什么”成了首要问题。

有人建议打一个模拟飞船重量的“铁疙瘩”，为的是有个配重方便检验火箭性能。这个方案虽不被看好，但实属无奈之举。后来，打国际卫星等方案也被否定。

对飞船系统来说，似乎搭上长征二号 F 火箭首飞的“快车”已不现实，但他们从没放弃。在一次偶然的讨论中，飞船系统的技术人员萌生了把初样电性船改造为试验船的想法，并报给了戚发轫。

神舟飞船与长征二号 F 火箭垂直转运

这个想法很大胆也很冒险，却也是有根据的，并不是完全不可行。返回式卫星在返回地面以后，虽然防热部分都烧坏了，但其中的电子设备充电之后依然可以使用。那么飞船的初样电性船从实践上讲，也可以在地面使用后，再到天上重复使用。

针对这一想法，戚发轫、飞船副总指挥袁家军以及副总设计师王壮和郑松辉等人召开专题会，论证电性船改装上天的可能性。飞船系统统一意见之后，戚发轫将《用电性船改装成试验船的建议》报告，上交载人航天工程的有关领导，并在载人航天工程总指挥、总设计师联席会议上得到了通过。

就这样，飞船系统用一种冒险的方式为自己争取来了一次试验的机会，以完成“争八保九”的任务。对他们来讲，这是一次只能成功不能失败的冒险。新中国成立 50 周年大庆、澳门回归、飞船首飞被列为 1999 年的 3 件国家大事，这次任务事关国家荣誉。

后来有人曾问戚发轫：“按照正常程序，飞船是无法发射的，为什么你们还要冒这个险?”戚发轫这样回答：“在那个时候，国家有特别的需要，我们就要用特别的精神来完成这个使命，这就是载人航天精神。”

“回到中国就是成功”

确定电性船改装试验船之后，留给飞船系统的时间只剩下不到一年。考虑到飞船系统的实际困难，中央领导同志不断勉励型号队伍，并指示“只要飞船能够返回中国就是成功”。

于是，飞船系统针对这个目标做了方案优化，“事关飞船返回的技术必须突破”。由此，他们确定了一年内必须突破的五大关键技术，分别是舱段连接与分离技术、调姿制动技术、升力控制技术、防热技术和回收着陆技术。

飞船上大之后要绕地球飞行十几圈，然后舱段分离，返回舱从大气层外返回地球。要确保返回舱从茫茫太空成功落到中国，飞船系统必须完全吃透这五大技术，哪一环节出了问题，任务都不可能成功。

“虽然我们返回式卫星的实践经验能够提供一些借鉴，但要把用在飞船上的技术摸清，说实在的，时间太紧张了。”回忆起那段时间，“忙”成为戚发轫最大的感触。

改装电性船上天，是实现跨越式发展的大胆决策。虽然飞船的 13 个分系统简化成了 8 个必须的分系统，已经大大减少了工作量，但是改装任务依然艰巨。八院承担的电源和推进分系统是试验性飞船必不可少的系统，任务最重、最为关键。

按照国外惯例，参加飞行试验以前，载人飞船的发动机需要进行 10 万秒试车。按照中国的航天器研制要求，至少也需要几万秒的试车。然而，此时的飞船主发动机只进行过一次 930 秒的高空试车。这时，有人气馁地认为，合格的主发动机无论如何也改

中国载人航天发展战略研究成果鉴定会

装不出来。

发动机是飞船的心脏，无论如何也要确保发动机的运行正常。载人航天工程副总指挥沈荣骏带队前往上海，目的很明确：催进度。

在经过充分调研之后，八院飞船系统副总指挥、副总设计师施金苗代表八院表态，“虽然任务很重、困难很多，但试验飞船的列车绝不会在上海晚点！”

施金苗一诺千金、说到做到，他科学分配好各科研部门承担的任务，定好了时间节点，最后向各部门下达了死命令。一场与技术难关较劲、和时间赛跑的战斗在上海飞船战线上打响。

就这样，各个系统都像上了发条一样，为了第二年的发射做着最后的冲刺。

1999 年 11 月 20 日凌晨，位于巴丹吉林沙漠深处的酒泉卫星发射中心星光灯影，人语车鸣，直刺天际的发射塔架俨然一座繁星闪烁的灯塔。6 点 30 分，随着指挥员“点火”口令的发出，一股烈焰霎时映亮夜色中的大漠。长二 F 火箭托举着我国第一艘载人航天试验飞船直刺苍穹。11 月 21 日 3 点 41 分，在绕地球飞行了 14 圈之后，神舟一号返回舱在内蒙古中部地区成功着陆，着陆点离预定地点相距不到 10 千米。我国实施载人航天工程的第一次飞行试验取得圆满成功。

这一天，俄美一统载人航天的局面，被中国的神舟飞船打破！

成功的消息传来，飞船系统上下格外振奋，见惯大场面的戚发轫也由衷地感到高兴。“神舟一号的成功给了我们很大的信心。在这样艰苦的条件下，这个都能干成，那后边我们更有把握了。”戚发轫说。

也正是如此，若干年后，我国第一艘载人飞船神舟五号发射点火之后，指控大厅里飞船系统的老总们显得格外镇静。记者看到后表示十分不解。

“我们有把握。”戚发轫这样告诉他们。

军乐队奏曲迎返回舱抵京

曾记否：“风华”正茂“万山”红遍

◎ 姜琼琼

1983年初冬，贵州绥阳被几丝寒意笼罩着。6月初新上任的国营风华机器厂厂长吴民展刚提出开发生产电冰箱的议题，会议室就“沸腾”了：“我们没有这方面的任何技术和经验，太难了！”“这是一项大工程，技术、资金哪里来？”“别冒进，容易犯错误。”

吴民展知道，大家的担心、顾虑以及提到的困难，都是客观存在的。但他心里想得更多的是，大家当初拖家带口来这穷山沟图个啥？不就是建工厂吗？厂子垮了，这些人就等于没了家。

1978年，党的十一届三中全会作出把工作重心转向经济建设的决策，国家对三线基地的投资和军品订货都在大幅度减少，位于偏远山区的三线基地普遍遭遇了发展瓶颈，甚至陷入生存困境。为了生存和发展，没了“铁饭碗”的三线基地只能在艰难困苦中摸索前进。

基地建设步履维艰

“1978 年前后，几个厂建完了，人才队伍齐整，北京和沈阳的单位都准备搬过来，国家突然宣布三线停缓建。”时任 068 基地 7804 厂厂长的吕学明回忆。

当年春节，吕学明的家里挤满了人。没有任务了，很多人要求离开。大年初三，吕学明到北京开会，很多人知道后说他借开会之名跑了。吕学明赶回来对大家说：“我不会走的，要走我也是最后一个走，毕竟我是个党员。”

人心是稳住了，但国家划拨的基建费停了，吃饭的钱没了。“当时号召以军为本、以民养军。没有了军，那我们就以民养军吧。”吕学明说。

那时相较于大力发展经济建设的东南沿海地区，远在深山里的三线基地已经失去了魅力。基地出现了严重的人才流失，大量技术人才纷纷跳进了市场经济的洪流中。

面对军品任务锐减、经费停拨、人才流失等现状，三线基地唯一的出路就是生产民品。

“那会儿思路就是市场需要什么我们就做什么，先吃上饭再说。”原 5042 厂的蒋士杰说。当年他所在的“云南三厂”（云南航天工业有限公司前身）开发过的民用产品包括米线机、压饼机、唱片机、远红外食品烤炉等；位于湖南的 068 基地开发了计算器、电机、电子琴、电褥子等产品；远在广西的 801 厂办过农场、种过蘑菇、做过酱油、烧过红砖……初涉市场的三线基地开发的民品可谓五花八门。

在各式各样的民用产品中，曾涌现出一批颇具影响力的“明星军二品”。其中，有些可谓名声大噪，代表性的产品有061基地风华机器厂生产的风华牌电冰箱以及066基地万山厂生产的万山牌面包车。

“搞导弹的”干起了电冰箱

改革开放促进了经济建设，同时也释放出压抑已久的消费需求。

吴民展敏锐地意识到，随着市场的发展，20世纪70年代家庭中的“三大件”在80年代必将发生巨大变化，而电冰箱或将成为其中重要的“一大件”。061基地当时的主业是研制生产防空导弹，而现在，这家搞导弹的军工厂决定要在电冰箱上“练兵”。

副总师徐汉才一直清楚地记得吴民展邀请他时的情景：“老徐，搞搞冰箱怎么样?”徐汉才没答应。第二天，吴民展又来了，徐汉才有些不耐烦：“七仙女下凡是看上了董永，你怎么盯住我这老头子不放?”说完转身走了。

没想到第三天，吴民展又来了，他给徐汉才点上烟，沉默了一会儿说：“老徐，如果真没了军品任务，这3000人总不可能全跑回上海去吧？先不说我们，那我们的下一代呢？不能不给他们找一条路呀!”

“冲你为了咱全厂人着想。干!”这个搞导弹出身的中年知识分子当时还没有料到，他将走的这条道路是何其艰难，之后又将何其辉煌。

出任冰箱开发部主任后，徐汉才做的第一件事是“走出去”。1983年12月9日，他领着10名技术人员组成的考察队南下广州，他们听说那里有家叫“万宝”的冰箱厂，便决定先去向人家求教，谁知却吃了闭门羹——人家技术保密。

徐汉才心想，既然来了就非办成不可。他去开了介绍信，走马灯一样地到贵、粤两省的经委、计委等部门去跑章子。最后，一张巴掌大的纸竟然盖了 7 个大红印章，这才进了“万宝”的门。

徐汉才是急性子，刚参观回来便布置人员画工艺流程图和买样机。1984 年大年初二，刚从广州回来没几天的徐汉才又开始组织一帮人对样机进行剖析、测绘。他觉得胃有些不对劲，后来甚至吐了几口血，但他却说：“不就吐几口血吗，不还是没倒下去吗。”

22 名技术人员只用了一个月，就把他们从来没有接触过的冰箱测绘、设计图纸拿了出来。从图纸到产品，风华人又只用了 5 个月的时间。

1984 年国庆节是风华厂大喜的日子，12 台 150 升样机完成了，他们终于看到了自己生产的冰箱。12 台不是个大数字，但它是一个光辉的起点。顺着这良好的开端，风华厂一步一个脚印地走了下去，而且走得很潇洒。

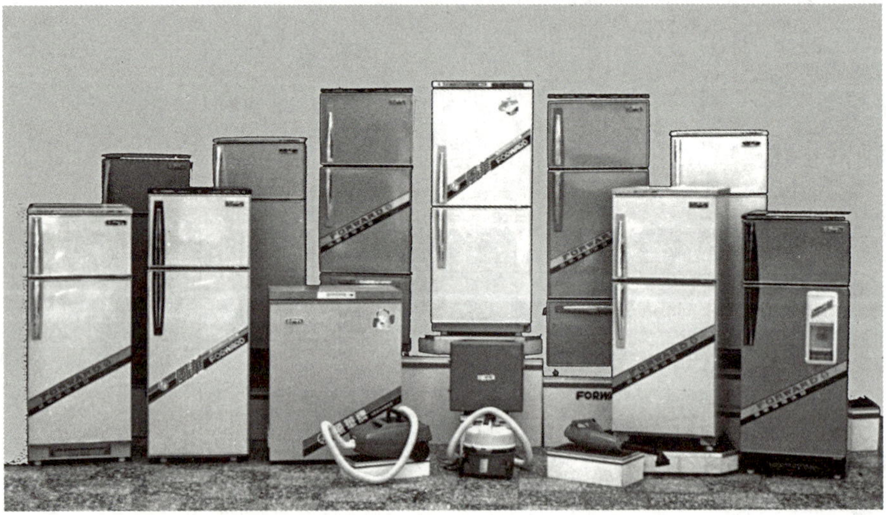

风华牌电冰箱系列产品

用面疙瘩捏车模型

在风华厂决定搞电冰箱之前，远在鄂西远安的 066 基地万山厂已经在酝酿一个能打开市场的新产品。

1978 年前后，万山厂也做过民用沙发、工业缝纫机、梅花扳手等，但最终都没能形成规模，被军转民大潮卷入低谷的万山厂踏上了调研考察新项目的征途。

经过论证，万山厂最终选择了民用中型客车。为了加快产品开发，1979 年万山厂专门组建了一个设计研发小组，当时 39 岁的楚建义就是其中一员。

“虽然大家都是大学生，但没有一个是学汽车专业的，只知道汽车是由车壳、车轮和发动机组成的，至于制动蹄、转向机这些，一概不懂。”楚建义说，“为了能尽快熟悉相关内容，小组成员就到厂里的汽车队向师傅请教，从一个个零部件学起。”

能开发新产品，职工们打心底高兴，那段时间大家脑子里琢磨的都是面包车。湖北省劳模、全国人大代表张春林，当时是万山厂 102 车间的钣金工，每回家里包饺子做馒头，他总是把面和得硬硬的。爱人问他：“面和得那么硬怎么吃呀？”他答：“不吃，做车的模型。”那时候生活困难，北方人在南方能吃到一顿面十分不容易，但这个东北汉子宁愿把面粉拿来做模型。

为了能尽快生产出自己的汽车产品，楚建义和同事们走出大山，去河北、北京、江苏等地的汽车厂学习，但经常是连别人的厂门都进不了。有次他们实在没办法，就混在上班职工的人群里进了厂区，远远地看了看厂房里的生产线。

在邢台的车厂参观时，楚建义一行人第一次看到了汽车的生

排队出山的万山面包车

产简图，这张图让调研组垂涎三尺。“我们通过熟人找到了对方厂里的技术负责人，才拿到了一些不成熟的资料。”楚建义回忆。后来，他们又在北京的一家吉普车厂买到了一份用于维修的图纸。

通过一次次地调研学习，楚建义和同事们将图纸一点点完善明晰。从对汽车一无所知到生产出第一辆面包车，他们用了不到一年的时间。

1980 年 4 月，第一台由万山自主研发的面包车披红戴绿，缓缓驶到厂门口的广场上。那天从厂区到家属区，从山上到山下，大家个个欢欣鼓舞、喜上眉梢，将这么长时间的苦与累全部释放在欢庆的锣鼓声中。

20 世纪 80 年代末，万山车的产量已经达到了 4000 多辆。从“车到山前必有路，有路就有万山车”这句广告词，不难想象当时万山面包车的热销程度。

过上了“好日子”

“讲理不？俺的车排在前面，恁凭啥‘加塞’?”“凶啷个凶？轮到你娃子，哪个叫你娃子人不在!”两名分别操着山东口音和四川口音的司机，相互揪住对方的衣领大声争吵着。

他俩争扯的原因不是因为别的，而是排队购买风华牌电冰箱的先后顺序。这是 20 世纪 80 年代末各地消费者抢购风华冰箱的场景。

命运没有辜负吴民展以及 3000 多名风华职工，风华厂得到了他们应有的回报。1987 年，风华厂的产值突破 2 亿元，占 061 基地总产值的一半以上；1989 年，风华厂的年产量实现 25 万台。

“当时供不应求，拿着现金来买电冰箱的客户车队，足足有 1 公里长!”这是许多风华厂人值得骄傲的记忆。

那段时间，厂里赞助了全国足球联赛，赞助电影《春桃》60 万元，出手相当阔绰。随着新产品的陆续上市，风华电冰箱维修部遍布北京、上海、青岛、广州等 20 多个主要城市。“风华，风华，风行中华!”这句简单、上口的电冰箱广告词，一时间响遍全国。

在几百千米外的 066 基地，也上演着相同的情景。当时，买车的人要用麻袋装满 10 元纸币，拿着批条到万山厂里提货，基地的招待所被全国各地前来买车的人挤满了，万山厂因面包车的畅销而迅速致富。

排队出山的万山面包车

在大山里，文化休闲娱乐的贫瘠一直难以改变。早先只有远安当地的花鼓戏团进厂演出，后来是露天电影和篮球场。万山面包车畅销后，厂里建起了游泳池和公园。

那时，万山厂后勤部门开着大卡车去全国各地拉回新疆的哈密瓜、山东的苹果、河南的黄牛肉、黑河的大马哈鱼……可谓风光一时。在远安长大的魏兴武从小便听闻066基地生活条件好，他的姑姑嫁给基地职工后，他终于有机会进入工厂大院。在山里，他第一次吃到了海鲜。

万山厂老厂下班时大院门口的景象

随着改革开放的深入，外面的世界正在发生翻天覆地的变化，但山沟里的变化却非常缓慢。当年在战争态势下采取的布局方式到了和平年代显露出了很多问题和缺陷，三线基地没能跟上时代变革的脚步。

渐渐地，人们发现山里的长队消失了。

“到20个世纪80年代中期，我国已经有上百家汽车厂，行业竞争十分激烈。万山厂地处山区，交通不便、物流成本高，再加上市场意识不足、营销策略不活，没有新产品推出，之前的产品开始出现积压，汽车产量逐年减少。”楚建义后来分析道。

随着军品任务的逐渐加大以及对市场经济的不适应，三线基地的民品生产先后走起了下坡路。不过，若干年后，虽然市场上已难觅风华牌电冰箱，但航天风华的生产线一直在为包括海尔和海信在内的知名企业提供配套生产。

其实，不光是三线基地，地处北京、上海等大城市的航天科研院所，由于军品任务下滑，都曾面临类似的问题。在由计划经济向市场经济的转型中，航天人自力更生开发民品，硬是闯出了一片新天地，在史册上留下精彩篇章。

回首往事，那些在艰难困苦中谋出的“好日子”，如毛主席诗词所写，“风华”正茂、“万山”红遍，在拓展航天人生存空间的同时，也为航天事业的后续发展守住了队伍、留住了人才、积蓄了力量。

中国“长征”闯世界

◎ 郑恩红

1987 年 1 月 28 日正是中国的农历大年三十。晚上，纽约唐人街上灯影阑珊，行人依稀，时任航天工业部副部长的刘纪原带领发射服务考察团一行人随意走进一家正准备打烊的中餐馆用餐。

当餐馆老板得知他们做的是“推销中国运载火箭”的生意时，感慨地说：“过去我们出来也只能开开餐馆，现在你们出来推销火箭，使我们海外华人感到骄傲。”感慨之余，老板免费赠送他们一大盘辣子肉丁。

一个震惊世界的消息

1984 年 4 月 8 日，中国长征三号运载火箭将中国第一颗静止轨道通信卫星送上了太空。

“看来航天是搞到顶了。”时任航天工业部部长宋健“泼冷水”的背后更多的是担忧。

改革开放初期的中国航天，几乎没了国家任务，“皇粮”不足，人才出走。

随着国际环境的改善，中国航天人意识到，经过 30 年发展，已 10 余次成功发射卫星的长征火箭应该在国际市场中有所作为。

于是，他们提出了利用中国火箭去承揽国外卫星发射任务的“大胆”设想。

刚被任命为航天工业部副部长的刘纪原负责改革脱困工作，他认为，航天人发挥自己的优势将长征火箭推向国际市场，既可以为国家赚取外汇，又能锻炼队伍。

那年秋天，由乌可力、陈寿椿、黄作义等 10 人组成的“发射服务市场开发小组”成立，刘纪原作出批示：“先走出去，了解实际情况后再确定方针。”

航天工业部的外贸窗口——中国长城工业总公司负责“走出去”事宜。从此，国际舞台上开始频频出现中国航天人的身影。

1985 年 5 月 30 日，一个以著名火箭专家屠守锷为顾问的 4 人代表团飞赴日内瓦，参加国际空间商业会议，这是中国航天人首次现身此类会议。

会上，代表团团长、航天工业部科研局总工程师陈寿椿作了题为《中国空间活动及其提供国际服务的可能性》的报告。报告结束，会场先是惊讶，继而骚动。

之后，中国代表团又播放了介绍长征火箭发射卫星情况的录像片，虽然内容不多，画质也不怎么清晰，但会场炸开了锅。

“因为在这之前，世界几乎无从得知中国航天。”如今已 80 多岁高龄的陈寿椿回忆道，“很多外国专家、记者都争相挤到讲台前去记笔记、拍照，唯恐有任何遗漏之处。”

会议结束，他们刚回到旅馆，来自法英的记者就叩开了门，抛出尖锐问题，甚至还近乎挑衅似地诘问：你们中国的火箭整流罩是用竹子做的吗？

第二天，法国一家报纸在醒目位置刊登了一条消息《羽毛未丰的中国航天技术要参加国际竞争》。一时间，世界舆论哗然。

当年 10 月 26 日，航天工业部部长李绪鄂宣布：中国的长征系列运载火箭投放国际市场，承揽对外发射服务。

这一消息震撼全球。自此，中国航天也正式踏上了开拓国际发射服务市场的艰难之路。

“长二捆”横空出世

就在中国正要进入世界航天发射市场之时，世界航天界接二连三传出噩耗：1986 年 1 月 28 日，美国挑战者号航天飞机起飞后 73 秒爆炸，7 名航天员魂断蓝天。当年 8 月，美国政府宣布航天飞机退出商业飞行。随后，美国大力神、德尔它火箭以及欧洲阿里安火箭相继发射失败。

100 多天内接连发射失败的情形，搅乱了国际航天发射市场，已经造好等候上天的卫星由于火箭的短缺而在地面滞留。

同一时期，新兴的中国航天初显技术实力。然而，一直封闭在计划经济体制内、只懂科研和技术、不懂得商业经营的航天人，连国内商业市场都不熟悉，更不用提国际商业市场了。

更何况，当时国外对中国航天技术知之甚少，怀疑和偏见常常使初出茅庐的市场开发人员遇到难以想象的困难，甚至曾一度被对方怀疑为皮包公司的骗子。

不懂市场，就老老实实地进行调研，在市场中摸索、学习、成长。1986~1987 年间，代表团先后与美国的十几家潜在客户进行了密切联系，1 个月连续进行了 24 场长征火箭推销宣讲。通过交流，这些奔走的航天市场开拓者捕获到准确的卫星发射市场信息。美国航天飞机停飞后遗留的 24 颗待发射卫星中，长征三号火箭可发射 11 颗。

更重要的信息是：从 1990 年开始，大容量、长寿命、高功能的新一代重型通信卫星将取代 20 世纪 80 年代的通信卫星，长征三号火箭运载能力已不能满足需求，必须研制新一代更大运载能力的火箭，才能保持我国运载火箭在 20 世纪 90 年代国际市场的持续竞争力。

当时，一院院长王永志、副院长王德臣、老专家屠守锷等力荐研制长征二号捆绑火箭“LM–2E”，原总公司派黄作义出任长城公司驻美办事处主任。

中国提出的方案是在加长的长二丙火箭基础上，一级添加 4 个助推器，二级采用大喷管发动机和推进剂利用系统，把火箭的低轨道运载能力提高到 9 吨，再寻求国际航天市场上流行的上面级火箭合作，共同挺进主流商用卫星的发射服务市场。

美国休斯公司率先接受了图纸上的 LM–2E 方案，通过双方合作，我国成功中标澳大利亚卫星项目。

于是，第一枚为国外市场量身定做的火箭——“长二捆”横空出世，创造了“拿着草图签订合同、拿着合同找贷款、拿着贷款造火箭”的传奇。

“这张草图非常经典，被发表在美国航空航天杂志上，影响力极大。”曾参与“长二捆”方案论证的弹道设计专家余梦伦院士回忆道。

生死攸关的“入场券”

从 1986 年 1 月到 1987 年，长城公司拿到了几份商业合同，一切似乎正朝着预期方向迈进。然而，真正的困难才刚刚拉开序幕。

中国航天走向国际的商业活动惊动了美国政界。有人声称：中国进入国际卫星发射服务市场，是高技术入侵，将严重损害正在发展的西方商业发射服务利益。

1988 年 9 月美国总统里根提出，双方政府需达成“责任”“技术安全”“商务”3 个协议，美国才同意发放卫星出口许可证到中国发射卫星。在市场开发过程中，中国航天人很快意识到要进入国际市场，就必须尽快与国际市场规则接轨，拿到加入“国际航天俱乐部”的“入场券”。

中国航天走向国际市场，不仅是航天系统的新课题，也成了中国改革开放的新课题。

1988 年 11 月 8 日，人大常委会通过了中国加入包括《外空物体所造成损害之国际责任公约》等在内的 3 个国际外空条约的决定，并由中国驻联合国大使签字，完成了手续。这意味着中国航天不再是西方大国眼中的“非法个体户”。

同时，航天工业部副部长孙家栋率领中国政府代表团于 10 月和 12 月，同美国助理国务卿尤·麦卡里斯特率领的政府代表团进行了两轮紧张的谈判。

双方终于在当年 12 月 17 日和次年的 1 月 26 日先后正式签署了两国政府间关于发射服务的 3 个协议，美国政府同意发放美制卫星到中国发射的许可证。至此，国际商业发射服务市场的大门向中国人开放了。

就在形势大好之时，航天人内部产生了分歧。当长二捆火箭的国际市场开拓取得实质进展并签署了澳星发射合同后，国内出现了强烈的反对声，有人甚至提出：只有在拿到 12 个国外客户的合同后再投产新型火箭，才能规避经济风险。

1988 年 11 月 11 日至 13 日，航空航天工业部在北京大兴召开

1988 年 12 月，中美政府代表团达成协议后合影留念

“关于长二捆绑火箭的技术经济方案评审会”，75 名高级专家和院级主管领导到场。这是一场生死攸关的“大辩论”。

会上，长城公司副总裁陈寿椿做了“LM-2E 发射服务市场调查和分析报告”，讲解长达 7 个半小时，以充分的市场调研为根基，得出了“要在国际市场上站稳脚跟，新型火箭就必须立即上马”的结论。

经过 3 天伴有“强烈火药味”的讨论，在两种不同思想观念的激烈交锋后，主流意见认为长二捆火箭应当立即立项、研制。

经国务院批准立项后，中国航天人倾全力奋战，用 18 个月的时间完成了正常 36 个月研制周期的工作量，比合同规定的日期提前一天将火箭竖立在发射台上。

1990 年，长二捆火箭成功履约外星发射合同，之后又使用国产的固体远地点发动机 EPKM 完成了 7 次外星发射。

这是中国航天史上令人肃然起敬的创举，而“大辩论”的结

1990 年 4 月 7 日，亚洲一号卫星发射成功

论和前瞻性观点，在其后 10 年间长征系列火箭得到跨越式发展的实践中得到证实。

改革打开了面向世界的大门，航天人在走出去的过程中用最快速度、最小成本，重建了自己的价值体系。

“我佩服你们的实干精神”

1990 年 4 月 7 日 21 点 30 分，长征三号火箭在西昌卫星发射中心发射，成功地将亚洲一号卫星送入预定轨道。

来自香港亚洲卫星公司的代表与 17 个国家和地区及阿拉伯卫星组织的 200 多位外宾在发射现场目睹了这一壮观景象。

休斯公司负责火箭、卫星技术协调的首席代表斯旦豪尔大为感慨：“我们使用国际上的各种火箭已发射了几十颗卫星，但从未达到过此次发射这么高的入轨精度。”

这是中国航天走出国门的开局发射，从 1989 年 1 月 23 日签订合同到实施发射历时仅 14 个月。

紧接着，澳星、瑞典星、亚太星等相继发射成功。1998 年，长征火箭一年 6 次发射，把 10 颗外国卫星送入预定轨道，标志着中国火箭的生产、发射已达到了一定规模。

但好景不长，20 世纪 90 年代末，中国航天商业发射遭遇失利，加上美国对中国卫星及设备的制裁，中国航天国际商业发射服务陷入低谷。

面对困境，中国航天人发愤图强，制定了“72 条”“28 条”“质量归零双五条”等一系列严格的质量管理规范，并采取“中国火箭 + 欧洲卫星”“中国火箭 + 中国卫星平台 + 欧洲载荷”的创新模式，打破西方国家封锁，重新走向国际，并取得不凡成绩。

进入 21 世纪，我国首次实现了卫星整星出口零的突破，中国卫星开始登上世界航天舞台。2007 年 5 月 14 日，尼星一号发射成功，

第一枚长二捆火箭提前一天竖立在发射台上

这是我国第一次实现整星出口，也是我国第一次以火箭、卫星及在轨交付的方式为国际用户提供商业卫星发射服务，一种全新的商业发射模式被激活。

在“走出去”的路途中，中国航天输出的不仅是资源、技术，更是人才、经验，多年来，为约 10 个国家和地区建设了卫星遥感、卫星通信、卫星导航地面应用系统。

2012 年，委内瑞拉遥感卫星项目是中国航天第一个遥感卫星“星地一体化”出口项目，中国航天首次向国外用户提供了遥感卫星数据接收、处理、分发、应用的完整产业链。

时间再次回到我国航天开拓国际市场的早期，国际商用航天界质疑不断，但当看到中国长征火箭研制发射成功，都纷纷赞扬中国航天的技术实力和履约精神。

“你 1986 年到休斯公司宣讲长征火箭时，我也在场。现在看来，你那时讲的事，你们都做到了，我佩服你们的实干精神。”休斯公司资深专家怀特曼再见到黄作义时说。

大阅兵：从“小米加步枪”到大国重器

◎ 唐明军

新中国成立 70 年来，中国人民解放军与共和国一起成长，风雨同行。70 年来，人民解放军装备从小米加步枪的“万国造”，发展到能自主研制具有世界先进水平的武器。

如今，当我们回首共和国历史上的 14 次天安门国庆大阅兵，每一个瞬间都堪称记忆经典。历次大阅兵在展示人民解放军威武之师、胜利之师风采的同时，也见证了我国武器装备从无到有、从小到大、由弱到强，从单一型号到系列化发展的历史变迁。

导弹首登国庆阅兵舞台

20 世纪 80 年代，改革开放使中国大地迸发出了勃勃生机，

万象更新。1984 年 10 月 1 日，北京天安门广场举行的新中国成立 35 周年庆典，使人们在间隔 25 年后再一次看到了震撼人心的阅兵式。这也是共和国在天安门广场举行的第十二次大阅兵。受阅部队和这个国家一样，都处在巨大的变革中。

1981 年 12 月，中共中央决定在 1984 年 10 月 1 日新中国成立 35 周年之际，组织自 1959 年后的又一次天安门国庆大阅兵，以集中反映我国国防建设取得的成就，鼓舞全国人民的爱国热情。

那一年的受阅部队是新中国成立后规模最大、装备最好的一次，我国自行研制的 28 种武器装备集体亮相，其中有 19 种是新装备，导弹方队更是第一次公开进入国庆受阅大军序列。

据东风五号战略导弹地面总体设计人员汪向毅回忆，1984 年我国自行研制的东风系列弹道导弹和其他一些战术导弹的首次集体亮相，一方面是为了检阅新中国成立后的建设成就，特别是人民解放军现代化建设取得的成果；另一方面是为了壮我国的军威和国威。

那次阅兵式上展示的巨浪一号潜射弹道导弹、海鹰二号岸基反舰导弹、鹰击八号舰载反舰导弹、红旗二号防空导弹和东风系列弹道导弹得到全球瞩目。

震撼的大阅兵引起了世界各大媒体的关注。日本媒体发表文章称，天安门前第一次出现的新型导弹表明，中国军队向现代化迈出了一大步。法国媒体刊文称，中国军队的盛大阅兵，大震了中国的国威和军威，东风五号战略导弹的亮相，更是向世界宣告了中国已经具备远程战略核打击能力。

当年阅兵式上首次展示的鹰击八号导弹由于性能先进，后来还首次出口到东南亚某国。这种导弹可以装备在各种军舰上发射，曾被外国人称之为“中国的飞鱼导弹”。

中国航天科工三院原外贸总公司总经理、研究员徐梓茂回忆

1984 年国庆大阅兵上展示的巨浪一号潜射弹道导弹（前）和海鹰二号反舰导弹（后）

称，20 世纪后期，鹰击八号导弹出口到东南亚某国后，按照合同规定，需对这种导弹系统进行一次考核性靶试。当时，三院派出了以姚绍福院长为首的技术代表团，协助买方进行靶试。靶试前，买卖双方技术人员对鹰击八号导弹的火控系统设备进行了认真检查，一切顺利，一切正常。

靶试那天，由买方技术人员自己操作、中方技术人员协助发射的 1 枚鹰击八号导弹准确命中预定目标。靶试取得圆满成功！买方领导盛赞了该导弹的优异性能。

该国的新闻媒体还对那次靶试进行了详细报道，并在报纸头版刊登了鹰击八号导弹发射的大幅照片，引起了东南亚和世界各国的关注。

自力更生补齐短板

在20世纪中国的时代记忆中，1999年国庆50周年大阅兵是尤为精彩的一幕。那年在天安门广场举行的盛大阅兵式被人们亲切地称为“世纪大阅兵”。在那次阅兵式上，首次亮相的红旗七号近程防空导弹系统，填补了我国没有近程防空导弹的历史。

20世纪80年代初，一个艰巨而紧迫的任务交给了现在的中国航天科工二院——研制红旗七号近程防空导弹系统。该型号总设计师钟山院士回忆：“当时世界上很多军事大国都在研制低空、超低空的导弹，我国加快这种防空导弹研制迫在眉睫。”

该导弹是一种比较复杂的武器，全系统的电子元器件数量多达数万件。为实现国产化，钟山带领团队攻克了一道又一道难关，历经了荒漠中动辄几个月的靶场试验，一干就是8年。

每次试验对钟山和他的团队来说都是一次很大考验。他回忆，红旗七号导弹在一次试验中要进行双目标拦截，但一号靶机到达预定空域后，二号靶机却没有出现。在一号靶机的推进剂即将耗尽时，二号靶机才进入空域。随着两枚导弹相继发射升空，两架靶机几乎同时被击落，该情景让钟山至今难忘。

如果说红旗七号导弹的亮相补齐了我国没有近程防空导弹的历史，2009年国庆60周年大阅兵上，多架轰炸机携带的空地导弹低空飞过天安门广场上空接受党和国家领导人检阅，则结束了人民解放军没有空地导弹的历史。

如今，该型号总设计师、现年75岁的杨宝奎回忆起那次在天安门广场观礼台上看到的这一幕，心中仍感到无比自豪。

杨宝奎谈起该导弹的研制历程时，说得最多的是“艰苦奋斗、大力协同、无私奉献、严谨务实、勇于攀登”这 20 个字。

按照项目要求，这种导弹必须飞得远、打得准、打得狠，不但要白天能作战，夜间也能作战。当时，由于军事技术先进的国家不可能将这项技术转让给中国，摆在科研人员面前的道路只有一条，那就是自行研制。

当年，杨宝奎带领试验团队为攻克该型号的地面目标识别与截获技术难题，在戈壁滩上连续工作了 10 个月以上，经历了那里的四季。杨宝奎说，夏天要在地表温度达到五六十摄氏度的环境中工作六七个小时，冬天要在零下二三十摄氏度的室外工作，试验团队付出了常人难以想象的艰辛。

2003 年夏天，该型号在试验中由于某系统出现故障，归零工作只能夜以继日地进行。杨宝奎带领的团队经过 100 多天的归零工作，编写了超过 10 万字的归零报告，落实了 19 项改进措施，才为该型号顺利完成定型铺平了道路。

1999 年国庆大阅兵上首次展出的
东风 -31 陆基机动洲际弹道导弹

“这100多天里，我变得又黑又瘦，体重下降了10斤。但我心里很高兴，因为我们真正体会到了什么是坚持的力量。十年磨一剑终有回报，我为我们的试验团队感到骄傲！我为我们国防的强大感到自豪。”杨宝奎说。

正是有了中国航天人的自力更生、艰苦奋斗，才有了如今我们所熟知的“东风”劲吹、“巨浪”滔天、“红旗”招展、“鹰击”长空、“长剑”啸天。

迈向系列化、通用化

我国导弹自1984年首次亮相国庆35周年大阅兵以来，相关型号开始以此为基础向系列化和通用化迈进。

20世纪80年代，我国在有了鹰击八号舰载反舰导弹后，发展多平台发射和改进型导弹开始提上日程。

在各类反舰导弹中，潜射反舰导弹是研制难度最大的一种，不仅要有必要的空中飞行与制导技术，而且还要攻克复杂的水下发射技术。中国航天科工三院三部原型号总体主任设计师刘健同回忆，1980年后他在参加我国第一代舰载反舰导弹和空舰导弹固体发动机研制的同时，开始了我国第一种潜舰导弹的论证预研。

刘健同说，该型号经过20余年的艰苦历程，先后研制了几十枚试验弹，从陆地到水下经过了20多次的靶场试验，其中有一年3次进场，长达半年时间出差在外，回来还要加班写分析报告、开总结会，以及忙下一批试验弹，这种日子十分艰苦。

2000年，潜舰型号最终以优异成果顺利通过设计定型鉴定试验。在设计定型审查会上，刘健同用“漫言潜舰任务重，犹有精英报飞航。难关道道沥心血，一代辛苦不寻常”表达了自主研制成功的潜舰导弹来之不易。

2009 年国庆大阅兵上展示的红旗九号防空导弹系统

该型号成为世界上继美国“鱼叉”和法国“飞鱼”后，又一种潜射反舰的撒手锏。在中俄“和平使命 –2005”联合军事演习中，我国潜艇发射的潜射反舰导弹准确命中目标。

此后，在国庆 60 周年阅兵式上接受检阅的东风 –15B、东风 –10A 等，以及在 2015 年纪念中国人民抗日战争暨世界反法西斯战争胜利 70 周年大阅兵上展出的东风 –5B、红旗九号系列等，都成为我国武器装备由过去的单一型号向系列化、通用化发展的有力见证。

步入世界先进水平

人民解放军从“小米加步枪”到战略导弹，从机械化、半机械化到向信息化发展的深刻变革，浓缩了人民解放军现代化发展进程。

从1949年开国大典阅兵式上受阅装备的“万国造”到1959年受阅武器基本实现国产化，从1984年受阅武器全部自行研制到1999年新装备占90%以上，从2009年受阅装备大多接近世界先进水平到2015年受阅武器基本达到世界一流水平……历次大阅兵的变迁，不仅反映我国武器装备的变迁，更是我国经济、科技在军事领域的新发展和我国国防建设取得新成果的见证。

汪向毅回忆说，从1949年到1959年在天安门广场举行的11次国庆大阅兵，其受阅武器都是坦克、装甲车、大炮和火箭炮之类的武器。而自1984年我国导弹首次亮相阅兵式以来，我国拥有的各种武器装备已经接近或达到了世界先进水平，显著增强了我国的国防实力。

回顾人民解放军武器装备的发展，如果将20世纪50年代至60年代算作我国武器发展的第一个黄金期，进入新世纪后可以算作是进入了第二个黄金期。

第一个黄金期人民解放军武器的快速发展还是以仿制苏联等国家的武器居多，第二个黄金期的发展特点则主要以自主研制为主、对外购买少量武器为辅，发展步伐即将赶上世界先进水平。

杨宝奎表示，钱学森是我们必须要感谢的人，他是中国航天事业的奠基人，没有他打下的基础，我国就不会有如今这么强大的国防力量。

“我从20岁第一次参加国庆节阅兵，到65岁在天安门广场观礼台上看到各种武器装备接受党和国家领导人的检阅，无不感受到人民解放军装备的壮大。不管是武器装备的先进性，还是信息化程度都得到了很大提高。”杨宝奎说。

70年来，人民解放军的武器装备实现了从引进、消化、吸收到自行研制、自主创新，从常规武器到尖端武器发展的历史性跨越，武器装备体系由机械化向信息化发展的重大转变。

2019 年国庆大阅兵中东风 -41 核导弹方队通过天安门广场

如今，中国航天人研制的导弹装备，已经遍布陆军、海军、空军、火箭军和战略支援部队等各军种。洲际、地地、舰空、地空等多种战略战术导弹先后装备部队，充分展示了我国的国防实力和人民解放军维护国家主权、安全和领土完整的能力。

“回顾历届大阅兵，我国研制的武器装备走出了一条非常成功的道路。这些武器的变迁，是我们国家从无到有、从小到大、由弱到强、从单一型号到系列化发展的过程。我国今天所拥有的武器装备，足以抵御任何侵略者，只要敢来犯，我们必胜。”杨宝奎说。

从中国的北斗到世界的北斗

◎ 任悦鸣

自人类文明开始，便有利用自然天体来定位导航的记载，北斗星更是通过先祖们千百年的观测探索后，成为指引方向的导航星。

“唯一办法是自己成为巨人”

中国开展卫星导航与定位研究最早可以追溯到 20 世纪六七十年代，但由于受当时的技术条件和时代背景制约，真正提出要研制导航卫星，已是 1983 年。

那一年，我国“两弹一星”功勋奖章获得者、卫星测量技术的奠基人之一陈芳允院士，提出了研制双星快速导航系统，即利用两颗地球静止轨道通信卫星实现区域快速导航定位的设想。

当时，陈芳允和美国科学家 G.K. 奥尼尔教授不约而同地产生了把导航定位与数据通信聚合为一体的设计理念，并都在 1985 年至 1990 年期间进行了该系统的概念性研究。

当奥尼尔听说，中国的航天人也在进行同一研究的时候，他十分震惊。然而，美国的研究计划很快就因技术、资金等问题而夭折了。那时，中国航天人在突破了中心站和用户机等关键技术后，利用通信卫星开展双星定位演示验证试验，证明了北斗卫星导航试验系统技术体制的正确性和可行性。

与此同时，时任原航空航天工业部副部长的孙家栋与当时的国防科工委副主任沈荣骏中将敏锐地发现，拥有自主知识产权的卫星导航定位系统，对国家安全和军队保障至关重要。随后，两人联名致信中央军委委员、总装备部部长曹刚川，阐明了他们对国家发展卫星导航系统重要意义的分析以及实现方法的建议。国家对此予以高度重视和支持，有效推动了中国卫星导航系统工作的开展。

孙家栋等人对陈芳允的理论十分认可。在多方力量的积极推动下，1994 年，中国的卫星导航工程获批立项，并以炎黄子孙的祖先们用于识别方向的“北斗星”命名。北斗卫星定位导航系统正式问世，孙家栋被任命为工程总设计师。自此，中国开始了第一代卫星导航系统的研制建设。

2000 年 10 月 31 日是中国卫星导航系统发展史上一个值得铭记的日子。0 点 02 分，我国长征三号甲运载火箭在西昌卫星发射中心托举我国首颗北斗导航试验卫星升入茫茫夜空。27 分钟后，指挥大厅收到从西安卫星测控中心传来的喜讯：星箭分离，卫星进入预定轨道。指挥大厅里爆发出经久不息的掌声和欢呼声。

“北斗卫星导航系统是全天候、全天时提供卫星导航信息的区域导航系统，该系统主要为公路交通、铁路运输、海上作业等领域提供导航服务。北斗导航系统首发星的成功发射，解决了我国自主卫星导航系统从无到有的问题，将对我国国民经济建设起到积极的推动作用。”当年的《中国航天报》刊登了这样一段话，概括了那颗卫星的重要意义。

第一颗北斗导航试验卫星成功入轨仅 50 天后，千禧年岁末，长三甲火箭又将第二颗北斗导航试验卫星送入地球同步轨道，标志着我国成为继美俄之后，世界上第三个拥有自主卫星导航系统的国家。“北斗的研制，是中国人自己干出来的。‘巨人’对我们技术封锁，不让我们站在肩膀上，唯一的办法就是自己成为巨人。”时任北斗卫星导航试验系统总指挥李祖洪说。

2003 年 5 月 25 日，第三颗北斗导航试验卫星成功升空，作为备份星与前两颗工作星组成中国完整的第一代卫星导航系统——北斗一号。

建设世界唯一的区域导航系统

随着第一步计划的顺利完成，北斗卫星导航系统工程由试验阶段正式转入应用实施阶段，2004 年 9 月，北斗卫星导航系统建设正式启动。被任命为卫星总设计师的孙家栋回忆说：“中国的卫星导航工程，有一个非常重要的中间环节，那就是建设区域导航系统。”

当时，很多国家都不惜斥巨资发展全球卫星导航系统，而中国的北斗一号只解决了自主卫星导航系统从无到有的问题。我国“两弹一星”功勋奖章获得者杨嘉墀院士认为，中国民用卫星导航市场广阔，潜在的经济效益巨大，是今后可持续发展的重要因素。

在 2004 年北斗导航系统应用论坛上，85 岁高龄的杨嘉墀风尘仆仆地赶赴海口市出席会议，并发表了题为《发展导航卫星及应

2015 年 7 月，孙家栋到西昌卫星发射中心指导北斗导航卫星发射

用要启动一个完整的广益增强系统》的学术报告。“建立一个亚太区域增强系统，作为近期至远期一个仿真和信息融合的系统是非常必要的。”杨嘉墀说。

论坛结束后，杨嘉墀先后与屠善澄、童铠、王礼恒、戚发轫、张履谦 5 位院士交换意见。经集体讨论，他们起草了《关于促进北斗导航系统应用的建议》。在报告中，6 位院士就发展我国独立自主的卫星导航系统提出建议。该建议于 2005 年 2 月 2 日定稿、2 月 3 日发出，2 月 4 日就得到了国务院总理温家宝的批示。

国家发展和改革委员会有关司、局积极落实国务院的批示，不仅将北斗导航系统建设列为国家基础设施规划，还解决了资金问题，为北斗卫星导航系统应用的自主创新创造了十分有利的条件。

与此同时，作为北斗卫星导航系统的抓总研制单位，航天科技集团首次开始批量研制生产卫星和运载火箭。从 2004 年项目启动开始，北斗系统进入了为期 4 年的初样研制阶段。这一时期，卫星系统共完成了 4 颗初样星和 1 颗飞行试验星的研制任务，攻克了星载原子钟、高精度星地时间比对、监测接收机和用户终端等多项关键技术，为北斗建设和可持续发展奠定了基础。经过十几年的工程实践，大量的工程管理和技术人员得到了锻炼，一批北斗导航系统应用方面的人才被培养出来，为系统的未来发展提供了保障。

汇聚了天时、地利与人和，这才有了后续我国第二代北斗卫星导航系统的快速发展。

2007 年 4 月 14 日，第一颗北斗导航应用卫星发射成功，拉开了北斗区域导航系统建设的序幕。虽然中国北斗系统建设起步比美国的 GPS 晚了 20 年，但设计方案和技术指标却走在了世界前列。

2008 年，汶川大地震，震惊世界。地震发生的当晚 10 点左右，首批武警官兵到达地震重灾区，并使用北斗卫星导航系统用户终端机连夜陆续发回实时灾情数据，为地震重灾区发出了第一束生命急救电波。那场灾难让“北斗”这个名字家喻户晓。

2010 年对于中国北斗来说同样是个不一般的年份。这一年，中国北斗卫星导航系统连续迎来 5 颗“新成员”，系统在太空中初现雏形。同年 5 月 19 日，在第一届中国卫星导航学术年会上，中国北斗卫星导航系统专项管理办公室主任冉承其宣布：“北斗卫星导航系统致力于向全球用户提供高质量的定位、导航和授时服务。中国愿意与其他国家合作，共同发展卫星导航事业。”

从那一年开始，我国迎来了北斗导航卫星的高密度发射期。2011 年建设完成北斗区域卫星导航系统的基本系统，具备向我国大部分地区提供初始服务的能力；2012 年 10 月 25 日，北斗卫星导航系统的 16 名成员全部发射升空；2012 年 12 月 27 日，国务院新闻办公室召开北斗卫星导航系统新闻发布会，宣告：北斗卫

2007 年 4 月 14 日，第一颗
北斗二号导航卫星发射成功

星导航系统是中国自主建设、独立运行，与世界其他卫星导航系统兼容共用的全球卫星导航系统，可在全球范围内全天候、全天时，为各类用户提供高精度、高可靠的定位、导航、授时服务。

至此，北斗卫星导航系统建设的“三步走”发展战略圆满完成了第二步的系统建设目标，北斗二号卫星导航系统，即北斗区域卫星导航系统建设完成。

北斗发展的新起点

2017 年 11 月 5 日，距党的十九大胜利闭幕不到半个月时间，西昌卫星发射中心传来喜报，中国北斗再次出征，北斗三号第一颗和第二颗组网卫星升空，拉开了北斗卫星导航系统全球组网的大幕，北斗卫星导航系统“三步走”发展战略进入“最后一步”。

站在前两代星座的肩膀上，中国北斗的“第三步”迈得无比自信。立项于 2009 年 12 月的北斗三号工程开始尝试冲刺和领跑，星间链路、全球搜救载荷、新一代原子钟等新“神器”闪耀亮相，卫星整体性能大幅提升。

2018 年的“一年 18 星”更让北斗刷新了卫星研制生产的中国速度，“三步走”的战略路径已逐步从“胜利在望”变成“梦想成真”。9 月 19 日发射的北斗双星首次增加了国际搜救系统和全球短报文等载荷，标志着北斗卫星导航系统正式走向世界；11 月 1 日，我国首颗地球同步轨道（GEO）卫星发射成功，成为世界现役功能最强导航卫星之一；11 月 19 日，北斗三号基本系统星座部署圆满完成；12 月 27 日，北斗全球卫星导航系统基本系统正式向“一带一路”及全球提供基本导航服务。

2019 年 5 月 17 日，北斗二号工程圆满收官，该系统最后一颗备份星顺利到位；9 月 23 日，北斗三号组网开始从基本系统向完

北斗卫星导航系统应用模拟图

整系统过渡升级……北斗星座交替进行组网和补网行动，为我国导航系统顺利从“区域”走向“全球”铺平道路。

2020年6月23日9时43分，我国在西昌卫星发射中心用长征三号乙运载火箭成功发射第55颗北斗导航卫星。我国提前半年全面完成北斗三号全球卫星导航系统星座部署目标，北斗卫星导航系统“三步走”战略任务圆满收官。

2020年7月31日上午，北斗三号全球卫星导航系统建成暨开通仪式在北京举行。中共中央总书记、国家主席、中央军委主席习近平出席仪式，宣布北斗三号全球卫星导航系统正式开通并参观北斗系统建设发展成果展览展示，代表党中央向参与系统研制建设的全体人员表示衷心的感谢、致以诚挚的问候。

习近平指出，北斗三号全球卫星导航系统的建成开通，充分体现了我国社会主义制度集中力量办大事的政治优势，对提升我国综合国力，对推动疫情防控常态化条件下我国经济发展和民生改善，对推动当前国际经济形势下我国对外开放，对进一步增强民族自信心、努力实现“两个一百年”奋斗目标，具有十分重要的意义。

“山再高，往上攀，总能登顶；路再长，走下去，定能到达。”

习近平总书记的这番话恰好道出了漫漫北斗路的成功秘诀。北斗提供全球服务，是北斗建设的一大步，也是北斗发展的新起点。正如孙家栋所说："北斗一定要走向国际，因为卫星本身就是全球化的。"

与时代同行，信息化之路铺入云端

◎ 刘 喆

20 世纪 90 年代，在偷漏税严重侵蚀国家税收安全的危急时刻，航天人临危受命，用航天技术筑起了我国防伪税控的铜墙铁壁。从此，航天人便踏入了中国政务及行业信息化建设这个宏大的产业领域。

中国航天的信息技术产业的成长，与中国社会信息化的发展几乎同步。在当今市场瞬息万变的业态变革中，中国航天也在不断地调整着前行的方向。

筑牢信息安全之基

面对社会上假发票、“阴阳票”盛行，偷漏税现象导致国家

1994 年，接到中央尽快实施金税工程的指示后，中国航天工业总公司立即组织专家和骨干研究解决方案

税收流失严重的情况，1993 年 7 月，中国航天工业总公司总经理刘纪原和中国航天工业总公司副总经理的夏国洪联名写信给国务院副总理朱镕基，提出“关于建立全国税控收款系统的方案及有关工作的设想”。两个多月后，朱镕基批示：“同意，请财政、电子、航天三家联合攻关，务期必克。”

1994 年 2 月，在听取了电子工业部、财政部、国家税务总局、航天工业总公司等单位的汇报后，朱镕基指示要尽快实施以加强增值税管理为主要目标的金税工程。若没有金税工程为国家增加财政收入，其他的“金字工程”将难以继续，经济建设和国防建设也没有了根基。

1994 年，接到中央尽快实施金税工程的指示后，中国航天工业总公司立即组织专家和骨干研究解决方案。天降大任，航天人一头扎进了攻关之海。再出现时，手里已捧出了“防伪识伪税控系统”方案。这套系统采用复合式加密认证算法，采用理论上不可破译的一机一密、一次一密的密码体制，具有很强的保密性和安全性。

“当时咱们国家还没有商用密码，连民用密码都没有，密码技术都是党政军队用于保密通讯工作的，”第一代防伪税控开发小组成员、中国航天科工航天信息股份有限公司专务韦红文回忆，“所以也没有相应的管理机构，我们做方案汇报都要专门跑到中南海去。”

不仅是中国，这套技术当时在国际上也没有任何经验或范例可供参考，但一向善于啃“硬骨头”的航天人还是交出了高分答卷。

与此同时，电子工业部的税控收款机方案也出炉了。经过反复的论证和辩论，大家发现航天这套方案的实际操作性更强，能在不联网的情况下单机控制税源，识别假发票、阴阳发票，防止人情税和偷漏税。最终，“防伪识伪税控系统”方案脱颖而出，争取到主动权。

道路明确了，面临的问题也随之而来。一是在全国推广新系统，当时涉及几十万户企业用户和全国各地每一个税务局，工作量极大；二是应用过程中一旦系统出现问题，必须马上解决，技术服务难；三是系统需要不断升级和更新换代。

解决这些问题，需要一整套创新的系统解决方案。在 1995 年的试点工作中，中国航天工业总公司建议在全国组建技术服务公司，从事人员培训、设备发放、安装、维护和服务等工作，得到国税总局赞同。一夜之间，航天人从“零”开始，吸纳人才加速推进金税工程的实施落地。

试点工作进展快且顺利。经时任国务院总理李鹏批准，中央政府明确：“从 1996 年 1 月 1 日起取消百万元以上的手工发票，全国改用电脑版发票，推行防伪税控系统。”

一面由航天人搭建的财税安全铜墙铁壁，就这样打牢了地基，逐渐矗立起来。

十年磨一剑

经过几年实践检验，防伪税控系统的安全性与稳定性均得到了国家相关部委的高度认可。国税总局决定，自 1999 年开始，逐步将增值税防伪税控系统推广到全国所有一般纳税人企业。

令人意想不到的是，刚准备迎接新的曙光，一团乌云又迎面袭来——一直没有等到产品大幅推广的英特尔公司，突然停止了防伪税控系统专用核心芯片的生产。

怎么办？勇于探索的航天人不会被困难打倒，他们坚信，依靠自己才是最好的办法。32 岁的韦红文临危受命，牵头带领团队研制防伪税控系统专用模块。“国内工厂的工艺技术达不到，我们就自己摸索着做。”韦红文回忆，当时国际上能做类似芯片的除了英特尔，还有日本的一家公司。一开始他们只能专门去买里面的处理器，把存储器接通电路，再把里面的线路板焊到一起。

“说是芯片，一跟人家做的比起来，我们这个就像块厚饼干。当时我们的技术只能做到这样，但至少不需要依赖别人了。”韦红文有一个大盒子，里面是他珍藏多年的历代防伪税控系统专用芯片。从大到小排列整齐，像一个微缩的芯片变迁博物馆。“这也从另一个侧面反映出，产业链的上下游是相互配合、相互促进、相互支持的。”他说。

韦红文与团队努力攻关，多次试验，设计了 5 套方案，推倒重来 10 余次，从照猫画虎到自主研发，最终完成了防伪税控系统专用模块的自主设计及研制，在国内成功投入生产，化解了原进

2005 年的税控收款机新生产线

2006 年，增值税防伪税控系统合作协议签字仪式现场

口模块停产危机，填补了国内技术空白。

2000 年 8 月 31 日，金税工程二期建设方案得到国务院批准，增值税防伪税控 4 个子系统在全国开通。同年 11 月 1 日，由中国航天机电集团公司（1999 年 7 月 1 日，中国航天工业总公司分拆为中国航天科技集团公司和中国航天机电集团公司）控股、以信息安全为核心技术的航天信息股份有限公司正式成立，同时建立了全国技术服务体系，利用呼叫中心和互联网为全国企业和税务局提供热线服务，提高服务效率和质量。

2003 年，金税工程三期建设启动。航天人研发、试行了近 10

年之久的防伪税控系统，终于开始向全国全面推行。经过多年发展，增值税防伪税控系统也已集数字密码、信息安全、软件、专用芯片及系统集成等技术于一体，实现了增值税发票全过程的防伪、识伪和税控，彻底解决了伪造等问题，也为稽核系统提供了准确完备的数据采集手段。

“真的是‘十年磨一剑’。”谈起往事，韦红文依然感慨。

左手机遇，右手挑战

2011 年 10 月，国务院决定开展深化增值税制度改革试点。从 2012 年 1 月 1 日起，在部分地区和行业，逐步将征收营业税的行业改为征收增值税。

“营改增”是我国税务领域改革的重大动作，也将改变与税收相关的行业格局。这意味着从征税方式、群体、税率到软件系统、硬件设备等环节都将发生复杂变化。航天信息需要配合国家税务总局的要求，应用云计算、大数据等新技术对增值税防伪税控系统进行全面升级，这将是一次重大的技术革新。

航天信息涿州生产基地生产“营改增”专用设备是机遇，也是挑战。所谓机遇，是指“营改增”全国大推广完成后，航天信息的企业用户有望大幅增长，迎来更庞大的用户资源；所谓挑战，是指市场竞争日益激烈，航天信息的垄断地位已经被打破，必须加快创新，寻找新的产业方向。

一方面是国家委以的重任，另一方面是市场的迫切需求。箭在弦上，不得不发，已经历经多次升级的防伪税控系统，迎来了一次尤为重大的升级。

2014 年年中，国家税务总局提出要全面升级防伪税控系统，实现“发票即开即传”“金税盘和报税盘二合一”“安全接入”“具备税务数字证书”等一系列新需求。这次，航天信息除了要确保完成任务，还要应对竞争对手带来的新挑战。

这次升级技术难点多，工作量巨大。所幸航天信息在2010年以前就已着手预研，技术储备派上了大用场。在航天素来有“生产一代、研制一代、预研一代”的传统，技术更新和探索更是永无止境。因此，即便领跑多年，航天信息也一天都不敢松懈。

2015年1月1日，升级版系统如期上线，运行稳定，反响良好。

向新业态进军

成立至今，从最初的金税工程到与金卡工程和金盾工程相关的IC卡及计算机软、硬件产品的研制生产和计算机系统集成项目及服务，再到“营改增”、安全可靠、电子政务，直至出入境管理、食品药品监管、粮食信息化、金融科技、互联网金融、企业征信等，航天信息所聚焦的都是事关国家治理、社会运行和服务民生的重要领域。

航天信息党委书记、董事长马天晖说：“如今，航天信息这个名字不仅在涉税业务领域叫得‘响当当’，还在金融科技服务、智慧产业、网信产业等多个领域全面出彩。”

作为我国信息技术产业的领军企业、中国航天科工信息产业的排头兵，航天信息在云计算、大数据、互联网、物联网等领域积极探索、努力作为，确立了自身转型升级的思路、目标与战略。这不仅关系到中国航天科工的未来，也关系到国家信息产业的未来。

而如何适应未来科技、产业、业态变革形势，重新定义行业边界，转变企业发展方式，满足客户需求并获得持续竞争优势，把握新一轮世界工业革命、科技革命和产业革命的新机遇，积极应对市场化改革和发展的新挑战，这是中国航天科工一直以来不懈探索的课题。

中国航天科工原董事长、党组书记高红卫表示，“工业互联网成为制造业和经济发展新动能”已是全球共识，推动以云计算为代表的新一代信息技术与制造业融合，会极大地赋能制造业高质量发展，使之实现根本性转型。“制造与服务相结合，线上与线下相结合，创新与创业相结合”，中国航天科工党组确定了新业态体系的主要内涵。

在各类互联网平台企业成为全球经济中最强大、最具创新精神的关键部分之前，中国航天科工先下手为强，在2014年年初便开始论证第一个互联网产业平台，并于2015年成立了航天云网公司，打造了中国首个工业互联网公共服务平台。这也成为中国航天科工开疆破土工业互联网领域的标志性节点。

短短几年时间，航天云网成果颇丰：以INDICS为核心的工业互联网公共服务平台、CMSS云制造支持系统、航天云网系统级工业应用“一脑一舱两室两站一淘金”……以“信息互通、资源共享、能力协同、开放合作、互利共赢”为核心理念，航天云网努力探索中国特色工业互联网发展之路，通过不断构建和涵养以工业互联网为基础的云制造产业集群生态，为新一轮生产方式变革、推动中国制造业高质量发展贡献了不可或缺的重要力量。

从防伪税控到工业互联网，纵览中国航天科工这20多年来的发展历程和未来规划，展现在眼前的是一条通往云端的信息化之路。当前，中国航天科工新业态体系建设的基础设施与应用系统建设已经全面启动，并进一步提出“一云一网N平台M生态”的部署要求和发展平台经济的新思路、新战略。“只有顺应历史潮流，积极应变，主动求变，才能与时代同行。”高红卫不止一次地强调。

中国探月：似是故人来

◎ 赵 聪

历史的车轮刚刚驶入千禧年，时任国家航天局局长的栾恩杰就开始频繁地找孙家栋，还拉上了中科院院士欧阳自远。三位极具影响力的“老航天”，谋划着一个关乎理想与现实的布局——到月球上去。

几千年来，身为中国人，只有“嫦娥”这么做过，但她只存在于神话里。

发射人造地球卫星、开展载人航天和进行深空探测，是航天活动的三大领域。当时我国已经成功地发射了人造地球卫星和载人航天器，但深空探测活动还是空白。适时开展以月球探测为起点的深空探测，成为中国航天向纵深拓展的必然走向。

“铁三角”的秘密

我国一批专家学者，早在20世纪六七十年代就开始跟踪国外动向，把探月作为深空探测的起点进行论证。

1994年，有关部门组织专家对开展探月的必要性和可行性进行初步分析和论证。有人提出发射一颗简易探月卫星的方案，但囿于国家经济实力和航天基础实力，计划并未启动。然而，科学家们探测月球的希望之火并没有熄灭。

栾恩杰、孙家栋、欧阳自远组成了探月“铁三角”。他们多次参加有关探月的研究讨论，认为我国开展探月的条件业已成熟。

不久，在时任国家“863计划”航空航天领域专家委员会首席科学家闵桂荣院士的倡议下，“863探月课题组”成立。1995年，欧阳自远等专家编制了一份较为完整的探月可行性报告，提出了研制第一颗月球探测卫星的方案设想。

1997年4月，三位中科院院士杨嘉墀、王大珩、陈芳允以“863计划”的名义发表了《我国月球探测技术发展的建议》。大家逐渐达成共识，按照国家目前的技术水平和经济实力，可以研究月球探测的问题了。

几经酝酿，2000年11月22日，中国政府首次发布《中国的航天》白皮书，提出：开展以月球探测为主的深空探测预先研究。这是中国航天首次向世界宣告进军深空探测领域。

2004年1月23日，农历大年初二，温家宝同志批准绕月探测工程立项。我国月球探测工程全面启动。随后不久，帅印落定，“铁三角”分别担任工程总指挥、总设计师、首席科学家。“地球耕耘六万载，嫦娥思乡五千年。残壁遗训催思奋，虚度花甲无滋味。”探月工程获批准后，栾恩杰当即写下这首诗。

千禧年之后，老伴魏素萍感觉到了孙家栋的变化。有时是半夜，有时是凌晨，醒来发现床上的老头不见了，细听房间没有一丝动静，老伴吓得大叫。

“你睡你的，别大惊小怪。”孙家栋的声音从窗边传来。原来，孙家栋夜里醒来，看到窗外的月亮，会不由自主地走过去端详，心里默默琢磨探月工程总体技术方案。“中国人何时能到月球上？”

婵娟从此不寂寞，广寒期盼故乡人。

第三个里程碑

2007年一年，孙家栋去了10次发射场。魏素萍心疼地说：“他总是天天跑，穿皮鞋太累，我光布鞋就给他买四五双，都能穿出洞来。”

快80岁的孙家栋这样跑，是因为这一年很不寻常——“嫦娥”即将奔月了。

这一年的10月24日，长征三号甲运载火箭在西昌卫星发射中心腾空而起，托举着嫦娥一号卫星开始了奔月旅程。经过326小时的飞行，嫦娥一号顺利进入环月轨道。飞控大厅里，人人争相拥抱。

“嫦娥”第一次距离月球如此之近。

中国首次探月任务成功后，俄罗斯探月工程总设计师格奥尔吉·波利修克感慨地说：中国2003年将航天员送入太空，标志着中国已经成为一个航天大国，而嫦娥一号任务的成功，开辟了中国航天事业的新纪元。

继人造地球卫星上天、载人航天飞行之后，中国航天事业迎来第三个里程碑事件。但只有中国航天人，才能真切感受到，成

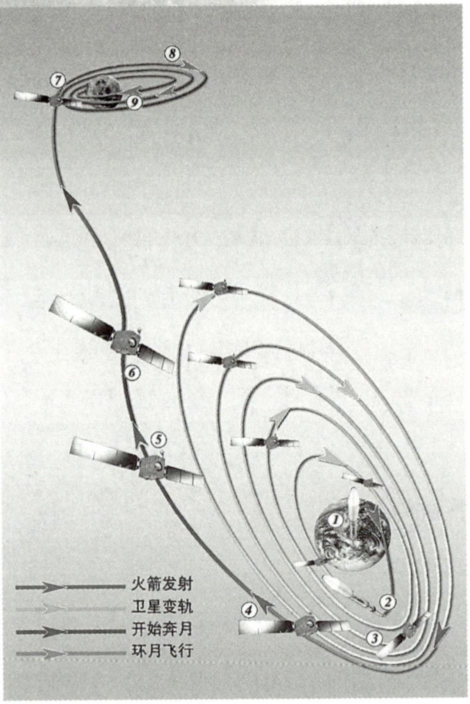

“嫦娥一号”飞行轨迹模拟图

功来得如此不易。

在“嫦娥一号”顺利完成环绕月球探测的那一刻，全国观众通过电视屏幕看到了一个镜头：当北京航天飞行控制中心的扬声器里传出嫦娥一号绕月成功的消息时，大家全部从座位上站起来，欢呼跳跃，拥抱握手。孙家栋却走到一个僻静角落，悄悄地背过身子，掏出手绢偷偷抹泪。一位年近 80 岁的老人，在成功的一刻喜极而泣，背后几多辛酸，可想而知。

2007 年 11 月 26 日，国家正式公布了“嫦娥一号”传回的第一幅月面图。2008 年 11 月 12 日，依据“嫦娥一号”拍摄数据制作的中国第一幅全月球影像图正式公布。

有专家评价，航天工程不同于基础科学，它是在过去取得成果的基础上，进行非常合理的组织、安排，加上一些必要的关键技术，用比较低的代价、比较短的时间，高质量、高水平地完成特定目标。显然，由“嫦娥一号”开启的探月工程，正是按照此种理念开展的重大工程的典型代表。或许现场洒泪的孙家栋也是这般感慨。后来他在接受媒体采访时说：“在这么短的时间，我们国家能把‘嫦娥一号’送到月球上去，尽管是第一次，却这么精准，作为一个航天人，我当时心情确实比较激动，确实为我们国家有这么大的成就感到自豪。”

“嫦娥”翩翩落广寒

探月一期任务让“嫦娥”离月球更近了，但还仅仅是远远眺望，不得近前。

2008 年 3 月，探月工程二期立项，提出了嫦娥三号探测器方案，目标是落月。它携带的巡视器还要在月球上走起来。

这一年，年仅 38 岁的孙泽洲被任命为嫦娥三号探测器系统总设计师。“嫦娥三号任务要求决定了总体优化设计难，推进系统研制难，制导、导航与控制难，着陆缓冲分系统研制难，热控分系统研制难，巡视器移动难……”孙泽洲一连串说了好几个“难”，如今回忆起来，仿佛可以复现刚“接棒”时的压力。

确实，与探月工程一期相比，嫦娥三号探测器技术跨度大、设计约束多，结构也更为复杂，新技术、新产品达 80%，12 分钟软着陆过程完全是靠探测器自主完成。

航天人最擅长的是攻关。2013 年 12 月 2 日，“嫦娥三号”如期在西昌卫星发射中心升空，14 日成功软着陆于月球虹湾预定着陆区。这是中国首次实现地外天体软着陆，“嫦娥”终于稳稳地到达了广寒宫。

神话变成了现实。

“嫦娥三号”这一落，在天宇划出一条美丽的弧线。听起来轻松浪漫，但实际上，3780 千克的“庞然大物”，11 分钟里速度从每秒约 1.7 千米减到零，从 15 千米高处降落到一个陌生又崎岖不平的地方，该是怎样的惊心动魄！

随着“嫦娥三号”成功落月，一只“兔子”牵动起亿万中国人的心。这只“兔子”远在距离地球 30 多万千米的月球上，它就

着陆在月面的嫦娥三号着陆器和巡视器模拟图

是跟随嫦娥三号探测器一起访月宫的玉兔号月球车。

落月后，嫦娥三号着陆器与巡视器分离，玉兔号月球车顺利驶抵月球表面，完成了围绕“嫦娥三号”旋转拍照并传回照片的既定任务。但随后，一个揪心的消息传回地球：进入月夜休眠的“玉兔号”，可能无法再醒来。

一篇《“玉兔”日记》开始在网络上流传：本来我应该今早开始睡觉，但入睡前，我的机构控制出现异常，有可能熬不过这个月夜了。这里的太阳已经落下，温度下降得真快。晚安，地球。晚安，人类。

在这则消息下，网友纷纷留言，人们不舍得这只“兔子”就此长睡不醒。一场太空营救立即展开……虽然在科研人员的努力下，“玉兔号”被唤醒，但对于追求完美的航天人而言，这成了心里的一道疤。

“我当时在想，如果能把我送上月球，给她包扎一下，可能‘玉兔’就好了。”6 年后，嫦娥四号探测器副总指挥兼副总设计师张玉花讲述那段历史，声音几度哽咽。

但无论如何，嫦娥三号任务作为探月工程二期主任务，是“绕、落、回”三步走的关键一步。中国人的落月梦，不再停留在神话里。

“备份”打了漂亮仗

2010年10月，嫦娥一号任务后的第三年，中国将嫦娥二号卫星送入了奔月轨道。嫦娥二号是嫦娥一号的备份星，备份即候补，“你不行的时候我才上”。

事实上，嫦娥二号卫星的飞行，意义重大。它首次实现了我国对小行星的飞跃探测，刷新了我国深空探测最远距离纪录。更难能可贵的是，“嫦娥二号”代表中国首次造访地月拉格朗日L2点，为8年后另外一颗“嫦娥”备份星实现“世界第一”打下了基础。

身为“备份”的滋味不怎么舒服，还差点连“命”都没了。

2012年，嫦娥一号总设计师叶培建不等会议结束，就匆忙乘飞机赶回北京，落地后直奔中关村南大街31号院。在这里，一场会议正在召开。

叶培建情绪激动，一进门就直白地对着领导大声说：“你们就不应该同意开这个会，这是想否掉嫦娥二号发射这个事情！”

当初“嫦娥一号”开始研制时，“嫦娥二号”作为备份星同时诞生。手心手背都是肉，身为总设计师的叶培建自然舍不得。但这次匆忙赶回，叶培建并非意气用事，平复心情后，他开始讲述“嫦娥二号”的工程意义。

听了叶培建的发言后，在场的领导心里有了底，当即表态：“我们这个会不是讨论要不要发射的问题，而是讨论怎么发射得更好、用得更好的问题。”这才有了后来“嫦娥二号”的卓越表现。“嫦娥三号”也有一个备份，就是“嫦娥四号”。有了“嫦娥二号”的经验，不发射“嫦娥四号”的声音很快就消失了。但把“嫦娥四号”发到哪里，又成为了争论焦点。

一部分人认为应该求稳，将它发射到月球正面；另外一部分人则主张发射到月球背面，不做重复的事，认为月球背面有更大的探测价值。一番争论后，富有探索精神的航天人选择了更加冒险的方案。

2018 年 5 月，嫦娥四号中继星“鹊桥”被发射升空，一番长途跋涉后，它到达了月球背面一侧的地月拉格朗日 L2 点。在这里，它为即将降落在月背的嫦娥四号探测器架起了一座通信桥梁。

1969 年，阿波罗十一号进行人类首次载人登月。在没有信号的月球背面，飞船有 48 分钟与地面指挥中心彻底失联——这被称为人类诞生以来最孤独的 48 分钟。如今，“鹊桥”解救了孤独。

半年后，嫦娥四号探测器稳稳地落在了月球背部。它成功实现人类首次月背软着陆，并通过“鹊桥”中继星传回了世界第一张近距离拍摄的月背影像图。这次任务值得世界铭记：人类实现了探测器首次月背软着陆、首次月背与地球的中继通信，开启了人类月球探测新篇章。

中共中央总书记、国家主席、中央军委主席习近平在会见探月工程嫦娥四号任务参研参试人员代表时强调，太空探索永无止境。我国广大科技工作者、航天工作者要为实现探月工程总目标乘胜前进，为推动世界航天事业发展继续努力，为人类和平利用太空、推动构建人类命运共同体贡献更多中国智慧、中国方案、中国力量。

如果从 2004 年绕月探测工程立项算起，中国探月已经走过 16 年历程。今天，中国探月的故事依然在继续。6 年前，我国月球采

嫦娥四号着陆器监视相机拍摄的玉兔二号巡视器走上月面影像图

样返回任务的探路先锋——探月工程三期再入返回飞行试验器任务成功实施，验证了返回器“半弹道跳跃式返回”再入关键技术。而今，嫦娥五号月球采样返回任务已经箭在弦上。

16 年里，中国探月循序渐进——前一代“嫦娥”为后一代“嫦娥”蓄力，前一代探月人为后一代探月人架桥。就像孙泽洲所言：成为一棵大树，给队友依靠，让后人乘凉。

月宫的门，还会被中国人无数次叩响。

第二章 岁月如歌

云岗：中国最早有导弹的地方

◎ 张　曦 / 刘　铭

在首都北京的西南郊，有座八百年前辽金时期修建的八角实心砖塔——镇岗塔。塔的西部一片广阔的地域，便是云岗——一座新兴的航天城。在这里，与古塔遥相呼应的是一座醒目的现代主题雕塑——“超越”，她矗立在中国航天科工三院门前，犹似一把利剑刺向长空，象征着中国飞航导弹事业的发展与未来。

云岗，这片土地有着丰厚的历史人文底蕴，到了现代，更是承载着新中国导弹与航天事业的起步创业之艰辛。三院人乃至云岗人，最引以自豪的莫过于：这里是中国人民解放军第一支导弹部队的诞生地；这里是中国最早有导弹的地方；这里是中国第一代导弹进行地面试验、踏上成功之路的地方；这里也是中国飞航导弹武器装备研制生产的基地……

总之，这里的一切，都同中国的导弹与航天事业的创业、发展，有着千丝万缕的关联和深厚的情缘。喜看中国航天伟业今天的辉煌，却难以忘怀60多年前创业之初的这块风水宝地——云岗。

北京云岗——拉开中国火箭和导弹事业大幕

位于北京丰台西南角的云岗北仰燕山，南俯华北，西承太行，东接卢沟，燕赵大地，人杰地灵。在云岗地区众多的航天科研保障生活建筑群落中，曾经有一处神秘的院落，其中矗立一栋苏式建筑礼堂，两边各有一栋工字楼。连同后排和两边的平房配楼，组成了一组别具风格的苏式建筑群，这就是举足轻重而又鲜为人知的中国人民解放军炮兵教导大队。今日，当年的礼堂已经变成一座幽静的小花园，两栋工字楼也经过历次整修，分别由航天科工集团三院31所（西）和航天科技集团十一院（东）所有。晨晖夕照下，庭院深深，道路齐整，茂林掩映下的院落静静诉说着曾在这里发生的激情燃烧的岁月。

1957年12月9日，遵照中央军委的命令，我军第一个综合性导弹专业培训机构——中国人民解放军炮兵教导大队在北京长辛店正式成立（也称长辛店炮兵教导大队）。教导大队隶属军委炮兵，业务工作由国防部五院领导。主要任务是：接收从国际引进的P-2型地地导弹装备、C-75型地空导弹装备和有关技术资料；请外方专家任教，培训导弹科研试验技术人员和管理干部，培训导弹部队中、初级指挥员，参谋人员和技术干部。培训工作由军委炮兵党委常委陈锐霆参谋长与国防部五院钱学森院长共同负责。

1957年12月11日，我国政府得到了外方政府的通知：“装有P-2型导弹器材的第23770次列车，将于1957年12月18日至19日期间到达满洲里车站”。指挥部接到通知后，大队长孙式性率50人于12月15日由北京赴满洲里迎接首批来华任教的苏军官兵和首批运来的武器装备。12月20日，苏联运送装备的列车到达满洲里车站，办理过境手续后，即驶向北京。

1957年12月24日18点51分，首批武器装备到达炮兵教导大队驻地——也就是今天的中国航天三院西大院所在地。随行来华任教的有以布里奥·伯列任斯基上校为首的外军102人（其中军官37人，士兵65人）。随即双方按职务对口协助外方卸车入库，导弹装备落地。外方代表宣布：“这次卸车是给炮兵教导大队上的第一堂课。”这次接来的武器装备有两枚P−2型地地训练导弹，以及一个营的主要技术装备，其中包括地面测试、发射、横偏校正、运输、加注等设备共45台件。

此事件标志着京西云岗是中国最早有导弹的地方，随即教导大队在此展开了为期一年八个月的艰苦学习、示范教学和实弹点火等一系列操训，也由此拉开了中国火箭和导弹事业的大幕。

1958年4月，部分一期学员与外方专家合影

技术人员与外方专家研究问题

“火种”遍撒四方——中国火箭和导弹事业人才的“黄埔军校”

中国人民解放军炮兵教导大队的成立标志着我军建设进入了火箭和导弹发展时期。从 1957 年 12 月 9 日到 1959 年 7 月，通过突击集训和独立训练等方式，在一年八个月的时间里为我军培养出第一批 2500 名导弹专业技术骨干，奠定了我国导弹航天事业的创建和发展的基础。

在短时间里，他们接受了当时从苏联引进的地地导弹、地空导弹、岸舰导弹及有关装备等，圆满完成了为总部机关、军委炮兵机关、军事院校、部队和航天科研试验单位输送导弹专业技术人才的训练人物。长辛店炮兵教导大队精心培训了我国东风系列导弹首批科研人员，创造了一次理论与实践相结合的机会，为仿制与创新发展导弹事业开辟了健康发展的道路；精心培养了我国首批地地、地空导弹部队专业技术骨干人才，为我国创建首批导弹部队提供了人才支撑。

教导大队全体教官学员把攻克尖端技术视为党和人民的信任，感到无上光荣，始终保持了高度的政治责任感、强烈的求知欲、刻苦的学习精神，克服了文化低、基础差，不懂外语、没有教材，时间紧、任务重等困难，较好地掌握了导弹操作和维护保养技术。

在这批学员中，许多人后来成为导弹科研院所的中坚力量，成为我军首批导弹部队和首批导弹作战基地的第一代创业者。教导大队的干部和学员像一把种子撒向祖国的四面八方，成就了后来的中国导弹和航天事业。在他们之中，有的成长为中国战略导弹部队的高层领导干部，有的成长为中国火箭导弹技术的领军人物，有的成长为国防科研试验的领导者和管理者。据不完全统计，从长辛店炮兵教导大队走出的共和国将军和军职以上领导干部 25 人，航天科技领军人物 12 人，共 37 人。后来于 1961 年 9 月 1 日在云岗成立的国防部五院三分院（即后来的三院）早期的多位领导干部也出自该炮兵教导大队。

仅第一期 570 名学员中，就有李旭阁、高同声、康视华、李甦、傅备篪、崔儒勇等 9 人成长为中国战略导弹部队的高层领导干部，梁思礼、谢光选、戚发轫等 3 人成长为两院院士。正所谓兴学育人兮，储才养望；攻克尖端兮，公忠栋梁。

东风第一营——初建我国自己的导弹部队

1958 年 5 月，中央军委从教导大队学员中抽调出 373 人，加上新从炮兵调来 60 名、从空军调来的 100 名年轻学员共 533 人，组成了教导大队地地导弹教练第一营，经过一年的对口培训学习、实际操练，1959 年 6 月，以该营为基础，正式组建成我国第一个完整的地地导弹营。不久，该营从云岗开赴甘肃武威地区驻防。后在该营的基础上扩编成五个营，即“老五营”，随后又扩编为五个导弹团。

1963 年 10 月 25 日. 其中的一个营（炮兵第 802 营）在考核训练中成功地发射了仿制的 1059 地地导弹（即东风一号导弹）。周恩来总理闻讯后，亲笔题写了“东风第一枝”的贺词。该营后被称为“东风第一营”，后又扩编成“东风第一团”“东风第一旅”，多次参加了天安门前举行的阅兵活动。

1966 年 7 月 1 日，经毛泽东主席批准，周恩来总理命名，中国人民解放军炮兵领导机关成立，直属中央军委领导，标志着中

发射分队进行导弹起竖操作训练

国战略导弹部队成立。2015 年 12 月 31 日，习近平总书记亲自授旗，中国人民解放军火箭军正式成立。

创造“五个第一”——对我国导弹和航天事业的贡献不可磨灭

长辛店炮兵教导大队开创了中国导弹航天事业的先河，堪称中国战略导弹部队的“黄埔军校”、导弹科研院所和战略导弹部队的摇篮，她为我军导弹部队的诞生、组建和发展准备了必要的首批专业人才。教导大队那种精心选拔、优中选优培养和造就导弹专业人才的优良传统，那种自力更生、奋发图强、艰苦创业、刻苦学习、顽强拼搏的精神，深刻地影响着我国国防科技事业和战略导弹部队建设。

长辛店炮兵教导大队为我国导弹航天事业作出了不可磨灭的贡献，创造了“五个第一”：第一个综合性的导弹专业培训机构，炮兵教导大队是“黄埔军校”，是导弹科研院所和战略导弹部队的摇篮；第一批导弹研制和导弹部队的人才从这里走出，许多人后来成为导弹科研院所的中坚，成为我军首批导弹部队和首批导弹作战基地的第一代创业者；第一次接收和管理从国外引进的导弹武器装备；第一次探索和摸索出我军战略导弹部队军事技术训练的程序和方法，对导弹部队熟练掌握武器装备、形成作战能力有重要指导作用；第一次探索和确立了我军战略导弹部队的编制体制，参照苏军地地导弹营的编制，由大队直接领导连队。在组织训练过程中，曾三次调整编制体制，目的是为适应中国国情和培训人才任务的需要，如第一教导营就是按照地地导弹战斗营编成的。大队机关增设技术处，专门负责管理导弹武器和特种装备，这是重要的突破和创新。

海鹰起飞了——国防部五院三分院成立并发展壮大

由于导弹与航天事业的确立，国防部第五研究院在“自力更生为主，力争外援和利用其他国家已有的科学成果”的方针指引下，相关科学领域的专业技术随之得到了相应的确立和发展。在地地导弹、地空导弹之后，第三个弹种——岸舰导弹的仿制工作也提上日程。

1960 年 4 月，组建了海防导弹总体设计部（设在国防部五院一分部），开始进行“544”反舰导弹的仿制工作。1961 年，根据党中央、国务院部署，在国防部五院成立三分院，9 月 1 日，国防科技委秘书长安东将军、总政治部李兴将军、国防部五院院长刘亚楼（空军司令员）上将、副院长钱学森和王秉璋、王诤将军等领导出席了成立大会，宣布“中华人民共和国国防部第五研究院第三分院”正式成立，代号为中国人民解放军〇六三八部队，成立大会地点就在马列学院二分院大礼堂。从此，在北京西南的荒郊野岭中诞生了三院。

1965 年 1 月 22 日，国防部将原五院三分院组建为飞航导弹研究院（将海防导弹设计部调入三院，改为第三设计部）。从此，飞航导弹研究、设计、研制、生产，走上了快速发展的康庄大道。

后　记

这是一方神奇的水土，繁茂葳蕤，奋进激昂；这是一幅多彩的画卷，青山挺秀，碧水含章。

历史有情，飞航人和如今这支人民为之骄傲与自豪的中国战略导弹部队——火箭军，血肉相连。古塔作证，矗立八百多年的镇岗塔见证了幽燕古战场的风云变幻和沧桑巨变。

而今天，历史的答卷交到了航天人的手里，历经 60 年的艰苦创业和创新发展，巍巍镇岗塔下，在导弹和火箭的这片发祥之地，中国航天三院和飞航人以其远见卓识、使命担当以及始终不渝的爱国奋斗精神书写着中国导弹事业的绚丽篇章，更用勤劳和智慧，雕琢出和谐家园的美妙风光。

黄沙百战心如初，倚天砺剑卫国疆

◎ 李倩茹

三毛笔下的撒哈拉沙漠风情万种，给人视觉的美感和享受。小时候的我，常常有这样的幻想：我带上了装满梦的行囊，去大漠看星空、赏月亮，牵一只骆驼去那风沙弥漫的远方，探寻我梦中的大漠风霜……

在戈壁深处的试验基地，这里没有江南三月的草长莺飞，没有红于二月花的霜叶，也没有“落花时节又逢君”的感叹。这里有的是一种天与地之间的界限，一种近乎悲壮的豪迈。在这片黄沙如雪的大漠上，有这样一群航天人，这里是他们的第二个“家”。

织蓝于烟，戈壁滩中淬炼

这里的天空和北京不同，明净高远，没有雾霾，是辽阔、纯粹的蓝。几朵白云飘浮在其中，时而像棉花糖一样，时而又幻化成心形，蓬松、柔软，低得仿佛触手可及。

我们的生活区和工作区之间是一段很长的路。即使不刮风，只要有车辆飞驰而过，就足以令周遭一片混沌，口腔鼻孔里都是土，眼镜蒙上一层灰尘。

在试验期间，一场突如其来的大风，让基地温度骤降 15 摄氏度，眼看着就要到了这里一年中最冷的日子。很快，一车车印有“CASIC”标识的棉服送到了试验场。领导更是亲临试验场慰问试验队员，让试验队员倍感温暖。振奋人心的鼓励提升了试验队的士气，大家一起喊着口号，誓夺全胜。

一丝不苟，复查严慎细实

深夜时分，浩瀚的星空笼罩着戈壁滩。厂区内，探照灯的光芒与初升的月牙遥相呼应。驻地会议室灯火通明，技术人员的讨论声不绝于耳，这里早已成为了试验队的“技术阵地”。

“请各专业把今天的工作情况说一下，直接说问题……”每晚的技术组会都由张总主持。这样的会议每天都会进行，大家也早已习惯了这种节奏。无论多晚，他们都要坚持将质量复查进行到底，把发现的一切问题消灭得干干净净。

每次飞行试验的数据分析是一项重点工作，也是不同专业相互“切磋”的绝好机会。在分析会上，型号“两总”会对各专业的报告进行仔细审查，对存在问题的地方刨根问底。这样一丝不苟的工作作风自上而下感染着每一位试验队员。

凝心聚力，直面沙场考验

“千淘万漉虽辛苦，吹尽狂沙始到金。”一场沙尘暴后，试验队员们好不容易等来了一次试验窗口。所有任务前的试验数据都显示正常，可就在重要关头，却发现产品接收信号能量极低，任务一度暂停。

面对此种情况，全队上下承受了巨大的压力。但所有人都深信，每个问题的出现都是一次重新审视自身的机会。因此，这些困难并没有阻挡工作的进程，胡总师亲自确定排故方案，他率领的这支队伍久经沙场考验，面对困难，大家群策群力、团结奋战。终于，经过无数次通宵达旦的分析、交流和汇报，他们终于争取到了一次为产品正名的机会。

同样的产品，同样的试验，遥测车里的气氛却异常凝重。当数据经分析得出信号能量正常的那一瞬间，现场沸腾了！

玉汝于成，终有功不唐捐

夜幕降临，刺骨的寒风透过军大衣和棉帽的缝隙往试验队员的身体里钻。场坪上灯光闪烁，熟悉的剪影在夕阳的余晖下来回攒动，像极了英勇的士兵举着火把准备出征。

晚 6 点整，指挥大厅里传出了清晰的指令：“试验进入‘零点’计时……5、4、3、2、1，点火！”发动机的轰鸣打破了夜的宁静，只见试验产品拖着橙色火焰，呼啸着“钻”到了云层里。指挥大厅一片寂静，似乎每个人只能听到自己的心脏声。“跟踪正常……飞行正常……”全场人员热烈的掌声，在指挥大厅响起。

利剑出鞘如流星划破长空，远途奔袭后以完美的表现完成了收官之战。终于，大厅里传出了指挥员激动而又坚定的声音：“成功！”

在随后的两天里又分别进行了两次飞行试验，均取得圆满成功。历经近两个月的鏖战，面对技术和环境的双重考验，试验队以一场大捷打开了产品发展的新局面。

融爱于行，辉煌国之江河

长年累月，一批又一批的型号队伍人员坚守在一线岗位，长时间的差旅任务使他们难免会疏忽对家庭的照顾。

余光中说：“乡愁是一枚窄窄的船票。”对于他们而言，“牵挂是一块几英寸的屏幕，家人在里头，我在外头。”

那一年，与世隔绝的荒原，编织了他们的艰苦岁月。彻夜难眠和不懈奋斗，记载了他们的日夜兼程。试验队员们历经困苦却安贫乐道，风餐露宿却百折不挠。他们把巨大的压力和痛苦默默地承受了下来，抹去眼角的泪水，鼓起更大的勇气，用航天人的坦荡情怀，为后辈们留下了“负重拼搏、脚踏实地”“只要国家需要，我们就是拼命也要上”的最质朴而又令人感动的精神财富。

他们的行囊很大，背起它就背起了民族和国家；他们的行囊很小，里面盛满了对小家最深的牵挂。他们经历过最凛冽的寒风，也见过大漠上空最璀璨的星空和最晴朗的蓝天。他们站立的地方，就是中国。

留在内心深处的记忆

◎ 张　娜

四川航天，这个字眼与祖国国防建设和三线建设息息相关，在山沟沟里的那些年，让我记忆最为深刻。

小时候，我觉得我生活在自成体系、井然有序的世界。明明处于偏僻山区，却又早早地修建了公路、铁路、厂房、办公楼。上学后，我才渐渐明白了“沟里”“厂里”是什么概念，大人们汇聚到这个山沟，都是为了航天事业。

每天，大喇叭放着独特的乐曲，播放着厂里的新闻，我们背着书包上学，大人们坐班车上班。这个厂不仅是父母工作的地方，更是我们日日夜夜生活的地方。

周围是无际大山，我常常能听到山上传来“回家吃饭啰”的召唤，闻到土豆吊锅饭的香气。春天满山遍野怒放着红色高山杜鹃；夏天在小河沟里寻找狡猾的螃蟹，在夜晚欣赏闪闪发亮的萤火虫；秋天享受着沟里香甜的小板栗，把猕猴桃放在米缸里等待着软熟；冬天在漫天飘洒的雪花中与同学们嬉戏打闹。这一切都让我恍惚，我们俨然已经融入了大山。

同时，沿着公路修建的厂房，又时刻提醒着我们，这里有值得为之千里奔赴的使命。厂里的大人们来自五湖四海，却能听懂对方说话，于是厂里成了南腔北调的天地，弄得我不知说什么语言才好，终于形成一种全世界独一无二的方言——厂话，我的“方言”习惯保持至今。

那时，同学们曾相约到那被挖空的山上去一探究竟，站岗的武警叔叔向我们投以友善的笑容，但明令小孩子不能进入。

我们无言眺望，心中明白，或许这就是大人们为之奋斗的所在，上天入地的弹箭星船，也许就是从这个深邃的山洞出发，带着我们一生的梦想，顺着那条蜿蜒的铁路运向我们不得而知的远方，保卫着我们的国土，探索着广袤的宇宙……

从我记事起，就没听到大人们埋怨过山沟里的艰苦与孤寂，他们的口中满满都是对自己身份的骄傲。

那个年代的厂房里并没有现在的智能设备和高新技术，很多小零件都是工人们亲手打造，完成不了任务就自愿地留在车间加班，日复一日地精心制作，造就了很多生产线上的能手甚至大师。专家朴素如众人，在厂里能看到他们身穿白大褂，眼中闪着自信笃定的光芒。厂里所有人都默默在这片天地里耕耘，用小我的奉献，浇灌着国家的宏伟愿景。

那时的人们真是把厂里当成了家，人们之间的关系特别融洽和谐，那种不是亲人胜似亲人的感情让人终生难忘。

我家的邻居是个古道热肠的北京人，操着一口好听的京腔，因为热心，自然成了“楼长”，不仅心甘情愿地操心着楼里的家长里短，每次出差回来还给大家带回山里见不到的礼物。

令我印象最深刻的，是我的小学校长。由于我的父母是“双职工”，无法照顾我，我每天很早就去上学了。校长经常喊我到她家吃饭，摸着我的头发让我好好学习。她看我的眼神是我见过世上最慈祥的目光。

当她因为家庭原因调离时，我去向她告别。我看到她家里已然挤满了人，有老师、有家长，还有像我一样，曾受过她关心教育的学生。

什么样的力量，能让一个人被别人永远记在心里？多年以后我才悟到，这是航天人独有的纯粹，在关心国家大事的情怀里，关心周围的人就更是天性使然。

我想起那年春节厂工会举行的盛大灯会，各单位自己动手精心制作，各式各样的彩灯在夜空里闪耀着夺目的光芒，一时间人头攒动热闹非凡，还有人骑着马过来观看；我又想起那年厂里遭遇暴雨，大人们自发地拿着大大小小的盆赶往车间，直到深夜里才回来，第二天又像没事儿人一样准时上班；我还想起厂里举行的文艺汇演，一下子不知从哪里蹦出来那么多能人，唱歌、跳舞、弹琴、唱戏，连会武术的都有，让人瞠目结舌……

如果世上发明了时间机器，我真的想回到那个年代，对所有在山沟沟里的“厂里人”挨个儿说声：“谢谢！谢谢你们为国家，为我们做的一切。”

响彻大山深处的高音喇叭

◎ 应福根

哒—哒—哒哒，哒—哒—哒哒……“职工家属同志们，大家早上好，现在转播中央人民广播电台新闻联播……”

20 世纪 70 年代，无论春夏秋冬，还是风霜雪雨，每天早上 6 点半，万山特种车辆厂的高音喇叭都会准时在鄂西远安县大山深处响起。听到起床号，家属区的灯光一下子全部透过窗帘，向大山昭示着新的一天的到来。给孩子准备早饭上学的，给鸡呀猪呀准备野菜粗粮的，给菜地浇水施肥的……一个寂静的大山被扰得热热闹闹。

新闻联播后，高音喇叭中马上传出：下面播放职工来稿。

无论长短，无论体裁，稿件一篇一篇播放。什么人加班加点，什么人通宵达旦，什么人获得了奖励……通过高音喇叭的传播，各个山头的职工家属老人小孩一下子便人人皆知。

当然，高音喇叭的作用可不仅限于此。记得有一年夏天的夜晚，高音喇叭突然响起，循环播放一条消息：紧急通知！紧急通知！兄弟单位有一位阶级兄弟在红星医院抢救，急需大量血液，希望大家踊跃乘车前往医院献血。

喇叭声还没有停止，万山厂消防队楼前的广场上已是人头攒动。大家纷纷排队，加入献血队伍。一大客车装不下，再来一辆，没有挤上客车的队伍中，仍然有人在焦急地等待着，希望再来一辆大客车。

最后没有办法，播音员只好通过高音喇叭通知大家："阶级兄弟已经脱离危险，需要的血液也已经足够，希望大家回家休息，以免影响明天工作。"那个纯朴的年代，"一家有难，八方支援"表现得淋漓尽致。

那些年，那些个山头，没有KTV，没有文艺演出，人们唯一渴盼的就是看一场露天电影。高音喇叭总是通过自己特有的方式，向大家通知着看电影的好消息。只要《大海航行靠舵手》的歌声响起，就意味着又有电影看了。伴随歌声响起的还有一遍又一遍的通知：职工家属同志们，今天晚上在露天电影院放映电影《……》，欢迎大家前去观看。

小孩子们欢呼雀跃，早早搬着板凳跑到露天电影院给家人占上位置。没有带板凳的便找块石头，或者拿根棍子在地上划个圈，告诉别人"这块地方是我的"。

在看电影的过程中，高音喇叭也不闲着，时不时地响起：某某同志，请速回家，你家的水龙头忘记关闭；某某同志，你家的大肥猪跑出来了；某某同志，你家的小孩找不到大人，请到放映室来领人……山头不大，职工不多，张家的猪，李家的娃，隔壁家的赵大妈，左右邻居几十年，大家彼此都认得差不多。加上那个年代像大山一样纯朴，阶级兄弟都亲如一家，谁家要是丢了活物，只要高音喇叭一广播，左右邻舍便三个一群四个一伙，纷纷加入寻找的队伍。

白天总是很短暂，当夜色渐渐走向深邃，熄灯号准时从驻军部队传到山头，山上山下窗户里的灯光便黯淡下来，只留下一些昏暗的路灯。

日复一日，年复一年，高音喇叭就这样在大山深处响了 30 多年，奏响过一个时代的辉煌，也印刻在一代人的记忆中……

用影像记录新中国的航天记忆

◎ 程　刚

经历了 60 多年发展，中国航天事业蒸蒸日上，一项接一项航天型号的研制以及成功发射，为国家国防力量日益壮大提供支撑，为国家的繁荣昌盛提供保障。

长期以来，档案部门作为历史记录的参与者、保管者，肩负建构、维系和传承航天记忆的使命，以存档、存史、提供档案利用的方式守护着最为核心的航天记忆。

作为航天大家庭中的一员，我从 1982 年就开始参与航天档案工作，并有幸成为用摄像机完整记录并见证了航天某型号从立项到完成的全过程，整个过程长达 7 年之久。

在这 7 年的时间里，我的足迹遍及全国各地，收集、整理了各种大小试验及围绕型号有关的各种研究、会议、活动等相关的素材 3000 多分钟。其间，我参与制作了各个分系统研制、定型及全系统定型的专题片、汇报片、宣传片40多部，时长达数百分钟。其中，很多场景虽过去多年却历历在目，这些难忘的经历被我珍藏在内心深处……

记得1988年的一次型号系统定型试验，其中一个试验项目在国内尚属首次，就是放眼国际也鲜有记载。

试验队领导非常重视这次拍摄，千叮咛万嘱咐，一定要完整地记录下整个过程，以留下宝贵的资料。试验前，我们特地从北京调来40倍的长焦镜头和多台摄像机，以期全视觉多角度、完整地还原整个试验的壮观场面。后来实践证明，从北京调来40倍的长焦镜头是一个多么正确的决定。

戈壁的5月是个多风的季节，可是试验的当天却是天公作美、风和日丽。为了确保拍摄任务万无一失，我们早早就在阵地待命，整个场地马达轰鸣，全系统所有的设备都已进入临战状态。本来预定下午3点的试验不知什么原因一推再推，天色也逐渐暗了下来。1小时准备、30分钟准备、10分钟准备，随着指挥员不断地下达命令，整个阵地临战前的紧张气氛达到了顶点。

“起飞!”随着这条指令的下达，整个试验正式开始。然而天有不测风云，就在拉开序幕的瞬间，试验场阴云忽至，狂风大作，飞沙走石。而从100千米之外起飞的目标马上就要飞临现场，此时发射阵地上准备的另一个目标也应起飞。眼前的风速大大超过了该目标起飞的条件，可由于一些因素，该目标又不得不强行起飞，很快，地面设备发现目标，并分别锁定目标。

伴随着指挥员的“10、9、8……”，倒计时的指令下达，两发产品裹挟着巨大的轰鸣声，喷着火焰直奔苍穹。目标在近地点肉眼还是容易看到，可远地点的靶机由于渐暗的天色，再加上阴云的干扰，肉眼很快就难以追踪。这时我们的长焦镜头彰显出了它的“英雄本色”，不仅迅速捕捉到了目标，还清晰地拍到了目标并将其击落的完整画面。

试验刚一结束，各级领导、专家及参试人员都一路狂奔到我们的拍摄点，见面的第一句话就是："抓到了吗?"当得到肯定的回答后，大家纷纷拥抱并与我们击掌祝贺。即刻间，大家便把我们的摄像机位围了个里三层、外三层，一遍遍地播放回看视频，看一次欢呼一次，那个场面令我至今难忘。

在我从事音像档案工作的20多年中，类似的经历还有很多很多。星移斗转，一晃过去了这么多年，但回忆起来还是让我感到幸福满满，毕竟，我是这个型号整个研制过程的亲历者之一。

原始的记载只是收集，其终极目标是为了更好地开发利用，让后来的航天人了解过往，让航天文化和航天精神得以传承，让中国的航天事业真正地为世人所了解、所关注、所投身。

我们用档案来记录中国航天事业的发展，这些珍贵史料将成为一代代航天人的永恒记忆。

难忘河西“干打垒”

◎ 高银虎

在 40 多岁河西人的记忆中，谈到居住条件，有一个词最让人难忘，那就是“干打垒”。

正是它，使得河西的建设有了最初的保障，也正因为有了它，河西这个我国最早的固体发动机装药生产基地才由小变大，最终有了今天的规模。

1965 年，刚刚起步的新中国固体航天事业在塞外高原落地生根，来自五湖四海的第一批河西建设者离开舒适的城市，毅然踏上了新生产基地的建设征程。

本着“先生产、后生活”的原则，职工们来到河西的第一件事是开展科研生产基础建设，衣食住行等生活难题都还无暇顾及。职工及家属全都散居在周边 20 千米外的 500 多间老乡家的土坯房、茅草房里。

虽说是生产基地，但建设初期的条件非常艰苦，没有办公用具，大家就趴在炕上搞设计，编制规划，进行开工前的各项准备工作；没有厨房，大家就在野外搭起临时伙房；没有餐厅，人们就端着碗蹲在野外吃饭，一日三餐几乎顿顿都是窝窝头加土豆白菜。

虽然工作开展起来了，可安居才能乐业。为了帮助职工们早日渡过难关，基地建设指挥部经过调查研究，决定学习大庆油田，发动职工建造"干打垒"土坯房。

听到这个消息后，饱受无住房之苦的干部职工们群情高涨，说干就干。在选好的工地上，人们冒着酷暑挖土、和泥、脱土坯。为了抢时间，有的同志主动加班干到晚上八九点钟，虽然很累、很辛苦，但男女老少仍然乐在其中。

短短几个月时间，一排排"干打垒"就建起来了。别看它们外形低矮、结构简单，但却成为河西干部职工的第一个生活区——西红区。

金秋时节，分配到住房的职工们你推我让、高高兴兴地住进了新家。不久后，东红区、北山区、前八区、后八区等一个个住宅区相继落成，许许多多来自异乡的人们在呼和浩特东郊有了自己的新家。

"干打垒"土坯房旧址

俗话说，金窝银窝不如自己的草窝。昔日的干打垒房屋虽然远说不上宽敞明亮，但都有火炕取暖、电灯照明，满足了当时人们基本的生活需要，在很大程度上保证了基地建设大会战的正常进行。

5 岁时，我从河北老家随父母来到河西。听妈妈说，初到内蒙古时，我家就是和另一户人家合住在北山坡的一处“干打垒”里。左边一户，右边一户，中间的厨房共用。

没过多久，爸爸在西红区分到了独门独户的“干打垒”土坯房之后，我们才有了真正意义上的家。那时，家里几乎没什么像样的东西，一辆手推车就可以拉下包括搪瓷缸子在内的全部家当。

虽说是“房子”，但“干打垒”到处跑风，在极寒天气下，双层窗户也基本形同虚设。为了御寒，一到天黑，人就得赶紧钻进被窝。条件好一点的人家会将红色的橡胶热水袋放进被窝里，条件差的就只好把洗净的玻璃瓶里装满热水放进被窝取暖。即便如此，早晨起来的时候，被子也常常和墙角冻在一起，分不开了。

1965 年 11 月，也就是人们入住第一批干打垒住宅后不久，一条小型临时装药生产线也在红峡厂落成并开始进入试生产。

短短一年之后，经过各方努力，凝聚着河西化工机械公司（航天科工六院前身）广大干部职工爱国之情、报国之志的历史上第一台小型固体发动机面世了！

1966 年 12 月 1 日，这台试验发动机点火试车成功。此后，经过持续不断的改进以及 19 次地面试车，这种固体火箭发动机终于达到了生产交付状态，成为我国第一个大型运载火箭——长征一号的第三级。

1970 年 4 月 24 日，长征一号运载火箭载着我国第一颗人造地球卫星飞向太空，正是第三级发动机最后有力的一推，把东方红一号卫星送上了预定轨道。中国航天事业的第一个里程碑得以树立，河西的建设者们也从此迈上了开拓天宇的漫漫征程。

长大后，子承父业的我成了“航二代”。每当给新入职员工作发展历程回顾的时候，我都喜欢带着大家去参观曾用来发射东方红卫星的第三级固体火箭备份件，然后再带他们去北山坡凭吊那些“干打垒”的残垣断壁，让大家亲眼看一看自力更生、艰苦奋斗的样板，实地感受生生不息的航天传统精神。

往昔的生活虽然艰苦，但大家和谐相处、以苦为乐的精神永远值得怀念。这是一笔不可多得的宝贵财富，鼓舞着一代又一代河西人踏上建设航天的新里程。

那些闪闪发光的句子

——航天青年访谈型号总师有感

◎ 吴　军

我 2018 年 5 月 2 日入职航天科技集团七院七部，工作不到一周，便接到任务：整理型号总设计师黎玉贵的访谈录音材料。作为一名“历史爱好者”，我非常兴奋。

访谈地点在重庆，负责采访的是七院七部党办与人力处的主要负责人员，受访对象是黎玉贵，主要内容是关于该型号产品从无到有初创时期的历史故事。

这次访谈长达 3 个多小时，内容涉及大量专业术语。作为一个文科出身的新员工，这份看似简单的工作其实并不简单。

在这个过程中，我抱着初生牛犊不怕虎的心态，始终严肃认真，保持科学细致，遇到问题和疑惑就通过查资料、问前辈等方式尽力解决。最后，我通过不懈的努力，在短时间内向领导“交卷”，比较圆满地完成了这颇有难度的“处女作”。

此次工作中，该型号奠基人黎玉贵的观点令我对航天事业有了更深刻的认识，他的金玉良言也引发了我的思考。

“人生一世，草木一春，人活着总要做点事。”

黎玉贵在访谈中多次这样说，也屡次背诵《钢铁是怎样炼成的》中关于“人生应当怎样度过”的经典片段，并且还常引用毛主席“人类总要不断前进、有所创造、有所发明，无所作为和骄傲自满的论点都是错误的”的名句，来讲述自己对待人生和事业的态度。

我也认为，社会为每个人追逐梦想、实现价值创造了尽可能多的条件，每个人都有将梦想变为现实的机会。

“感受到了的东西不能立刻理解它，只有理解了的东西才能深刻感觉它。”

我想，不论是在学习还是工作之中，人都要持续不断地学习和思考，持之以恒地深化对事物的认识，也就是要做到不仅知其然，更要知其所以然。

即使“感觉”“感受”再丰富，缺乏理性、科学的指引也未必站得住脚。因此，我们必须具备“说有易说无难”“凡事皆可怀疑”的科学精神。

“要辩证而唯物地认识自然，必须运用数学。”

数学被称为“自然科学之母”，它关乎基础性、根本性的理论问题，为其他学科提供了一套高度逻辑化和形式化的数学工具和语言。

基础不牢，地动山摇。纵观国内外优秀大学，他们无不是在以数学教育为代表的基础学科教育中占有一席之地。

访谈中，黎玉贵多次强调，对于搞航天型号研制的工程技术人员来说，除了了解和掌握本专业的理论知识之外，还要高度重视数学知识的学习与应用，研究不只定性更应定量，这样才能真正进入更高更深的工作境界。“有了成绩，功劳是大家的，出了问题，责任全是自己的。”

我想，个人成就再华丽、再炫目，也终究是单打独斗，在社会分工极为细密复杂的社会中，无疑是“双拳难敌四手”。在当今社会，我们更要具备团队意识与团队合作能力。团队领袖则更应铭记与之相匹配的责任和义务，善于激发和调动每一个人的潜能和才华，“为彼此而战”，方能“战无不胜”。

访谈中，这样的金句俯拾皆是。比如“要么自己真明白，要么跟着明白的人干，不能都糊涂，自己不明白，不代表别人也不明白”“全面地占有资料是做好研究的前提，要下笨功夫，不迷信权威”“人生哪能都如意，万事只求半称心”，等等。

这些都是数十年如一日专注于型号研制过程中的宝贵人生经验，充满智慧与真诚，我也从中学到了很多。今后，我将进一步深刻领会并努力践行，在不可虚度的年华中真正有所作为。

我为奥运作保障

◎ 徐　睿

如果你问我，在我这15年的航天工作记忆里，最值得骄傲的是什么？我一定会告诉你，就是我作为航天人有幸亲自参与了2008年北京奥运会、残奥会的安保科技系统建设与维护工作。

2001年7月，我高考结束。当传来北京申奥成功的消息时，我与小伙伴们击掌相庆，彼此约定有机会一定要去北京看奥运！当时的我怎么也想不到，有一天我竟能亲自参与到这场世界级体育盛事中来。

毕业后，我来到中国航天科工二院，进入航天长峰工作。当时，北京奥运会的各方面工作都已开始启动。作为科技奥运工程中心的牵头单位，航天长峰组织集团内有关单位承担着2008年北京奥运会、残奥会安保科技系统的设计、开发、集成、实施、部署和赛时保障任务，涉及了北京地区所有94个场馆、58个周界、

108 套安保指挥系统及 7 个赛区的全部电子票证（RFID）系统。

虽说我是个刚刚毕业的大学生，但也有幸参与其中。前前后后，奥组委一共给我颁发了 4 个通行证。

作为建设者之一的我一直珍藏着这 4 个通行证。它们记录了我从 2007 年的"好运北京"测试赛开始，到 2008 年北京奥运会、残奥会期间在各比赛与训练场馆穿梭工作的足迹。虽然只是几张薄薄的卡片，但每一张证件背后都渗透着辛勤的汗水和不懈的努力。

7 年筹备，2 年建设，千余名航天科技人员和工程技术人员本着"严慎细实"的作风，举航天整体之实力，共同攻关，开发了 50 多万行软件代码，部署了 108 套安保指挥系统，集成了 2 万多台设备，施工安装了 100 多千米长的周界临时技防和监控系统。我们保质保量地完成了包括指挥系统、周界区域临时技防监控系统、电子票证系统、视频监控系统及反恐防爆突发事件现场监控与指挥系统在内的奥运安保科技系统的设计、集成、建设与调试任务。

在航天人与奥运的这次亲密接触中，我们不畏艰辛、勇挑重担、拼搏进取，充分发挥航天高科技优势，设计建设了一套创造许多国内外"第一"的安保科技系统——

第一套由中国人自己设计建设的超大型活动安保科技系统；

历届奥运会中第一次成功应用的电子票证（RFID）系统；

国内第一套专为公安系统配备的防恐防爆重大突发事件现场监控和指挥系统；

国内第一次在 100 多千米场馆周界设计和部署的防入侵报警与视频联动系统。

这些国际先进的安保科技系统为保障奥运盛会的安全祥和作出重要贡献，也展现了航天人的聪明才智。

每当我翻看这些证件时，上面的每一个标志、每一个符号仿佛都镌刻着一种责任，代表着航天人誓守“平安奥运”的决心。

这些证件陪伴我在炎热的夏日里默默地工作在各个奥运场馆内外。它们让我想起的不仅仅是那无与伦比的奥运盛会，更是那些曾经为维护北京平安祥和不懈努力的航天人。是他们用航天技术与实力诠释着“科技奥运”的深刻含义，是他们用实际行动履行了航天科工“三服务”的承诺!

转眼，2008 年北京奥运会已过去了 12 年，那些难忘的回忆还时时浮现。

如今，航天人也正积极争取 2022 年北京冬奥会的建设任务，这是一种情结，也期待一种圆满。我辈有幸，能与奥运安保同行；青春无悔，誓与祖国共奋进!

青春记忆里的那台复印机

◎ 邓春阳

每当说起航天老物件，我就会想起一台复印机。它固执地站在我青春记忆的最前沿，时常唤起我对那段往事的回忆。

那是 1982 年，我在 066 基地（现中国航天科工航天三江）机关当打字员，使用的是那种铅字键盘的机械打字机，每个汉字都必须硬生生用手敲打出来。

打字室的 4 个姑娘很辛苦，时常加班。无论是上级文件还是已是铅字的各类资料，都得我们敲打一遍再油印下发。

一天，基地办公室主任把我叫到打字室斜对面的小屋，掀开一个用红色金丝绒布盖着的大机器说："这是复印机，花 3 万多元人民币采购的。这可是我们基地最金贵、最高级的办公设备。有了它，你们可以减少超过 50% 的工作量呢。"

接着，他郑重地交给我一把钥匙："这是复印室的钥匙，这台复印机就由你来保管使用。这是组织对你的信任和考验，你要严守国家秘密，管好、用好这台机器。”我死死攥着那把钥匙，使劲地点了点头，眼神坚定得如同视死如归的刘胡兰。

从此，我拼命地工作，很快成为“先进工作者”“优秀共青团员”“新长征突击手”和“三八红旗手”。那台复印机更是被我珍若生命。

不久后发生了一件事，那台复印机便彻底刻进了我的青春记忆。

那是一个星期六的下午，我抱着一大摞刚复印完的文件走出复印室。突然，身后一阵大风吹来，门就“砰”地一声关上了。我顿时呆在走廊里，脑袋“嗡”地一声，木怔怔不知所措。

天哪，钥匙！那把带着领导重托、从不离身的钥匙还在复印室里，而门却被锁上了……

怎么办？给领导反映？还是叫木工房的师傅们来撬门换锁？不行不行，组织这么信任我，万万不能让领导知道我犯了这么大的错误。

窗户倒是开着的，主任曾嘱咐过我，复印的时候要开着窗户，因为墨粉有毒。但窗户开着又有什么用呢？复印室在二楼，我怎样能上到窗户上去呢？梯子也无处可寻，最关键的是不想让任何人知道此事啊。

怎么办？怎么办？

魂不守舍地挨到下班，大家都走了，我一个人站在楼下呆呆地望着复印室的窗户。看着看着，我的眼前出现了一些电影中的画面，同时想到了一个叫高航的小伙子，他的办公室在三楼，楼下就是复印室。

或许是我的眼神充满恳求，也可能是基于他对我的信任，总之，高航没有多问，就把他办公室的钥匙给我了。接着，我又在附近的农家借到了长长的井绳，就是那种棕毛做的绳子，短短粗粗的棕毛桩子遍布整根绳子，握着隐隐扎手，但它看上去足够结实。

星期天的办公楼静悄悄的。我来到高航的办公室，将井绳的一头系在窗户下面的暖气管道上，另一端垂下去丈量了长短再提上来系在腰间。这么做的灵感来自电影《智取华山》里的解放军战士将绳子系在悬崖边的树上，然后两脚蹬着崖壁，双手交替抓放绳子降到崖底。我试了试绳子，确定系得足够牢靠，就爬上窗户，将身体探出窗外。顿时，我一阵眩晕，不敢再往下看。我怕自己会退缩，便再次拽了拽绳子，心一横，脚就离开了三楼窗台……

几乎是在身体悬空的同时，我听到暖气片“咣”地一响，那一刻我以为自己会死，顿时吓得魂飞魄散。但很快，我意识到自己并没有掉下去，而是悬在三楼窗外。我的双脚在下面乱晃，根本搞不清墙在何方，更别说蹬着墙做电影里的动作。我双手死死地抓住救命的绳子，臂力弱到完全不敢动弹，极度恐惧下除了死命抓住绳索外别无选择。这时，绳子开始在我手心里一点点滑动，我的身体也在慢慢下滑、下滑……当我的足尖触碰到二楼窗台的一瞬，我第一次看到了窗外那棵杉树的冠顶，它葱翠蓬勃，一如我年轻的生命。

一翻进复印室的窗户，我就看到那把闪着银光的钥匙静静地躺在桌上。我忙伸手去拿，这才发现两个手掌已是皮开肉绽、血肉模糊，钻心的疼痛也一阵阵袭来。可想而知，当我悬在楼外，把整个身家性命和全部体重交付给双手与棕绳之间的摩擦力时，那一绳子的棕毛桩，该是怎样瞬间变成钢刷一般在一点点刺割我的双手。而整个过程我竟完全无感。

星期一,一切归于正常。复印室照常印制着各种文件，打字室

的姑娘们依然忙忙碌碌。大家只知道我周末去溜旱冰摔得很重，把两只手掌的皮全蹭破了……

这就是当年那个单纯上进、傻乎乎的自己。但有时又想，一个二十挂零的年轻人，把工作看得比天还大，犯点小错便舍命弥补，这真的仅仅只是傻吗？当然，更多的时候，我不做联想。无论如何，青春无悔，岁月长存。忆及当年，统统都是美好。

那些年，远安发往孝感的班车

◎ 张绪会

1993年冬天，那年我18岁，第一次从远安坐上前往孝感的班车。

那时候，066基地（现中国航天科工航天三江）各厂调迁工作大多还未开始，但作为搬迁排头兵的红林厂调迁已基本结束。

我的姐姐就在红林厂上班。有一天，爸妈让我去孝感看望姐姐。我恨不得立刻插上翅膀，一下子飞到姐姐身边。

那一夜我一直没有睡着。1点、2点、3点……我闭着眼睛数着时间。4点起床，5点准备出门，在满天的星空下，父亲背着让我带给姐姐的花生、核桃，将我送到了险峰厂门口的石头店班车站。因为不知道从远安车站发车的确切时间，所以我们宁可早到多等，也生怕错过，因为两天只有一趟发往孝感的班车。

早上6点的冬天，又黑又冷，偶尔远远有微弱的车灯划破夜的黑暗和寂静。看着过路车辆一次次由远及近，最后在眼前驶过，望眼欲穿的希望和绝尘而去的失望一次次交替碾压着我的心。

冷得狠了，我就跺跺脚、搓搓手、原地跑一跑。等了一个多小时，前脸玻璃上印着“孝感”两字、白皮红杠的班车终于摇摇晃晃停在了面前。因为是地方班车，全程都是招手即停，中午还必须要在某个定点饭店停车半个小时。途经沙洋、应城等地方客运站时，班车还需要进站等候乘客。

一路上，我将随身的小包抱在胸前，看着脚边的行李，时刻担心有小偷。十几个小时的路程，实在困了，我就迷糊一会儿。一路颠簸到孝感时，天已经是一团漆黑了，姐姐也在车站等了两个多小时，好在亲人见面的激动将疲惫赶到九霄云外去了。

再后来，基地各厂开始陆续搬迁，客流量增加，基地车队开通了远安至孝感的通勤车，车辆大多数是扬州亚星、依维柯等品牌。为了安全，班车全程不停车载客，到地方需要六七个小时。这车平时乘客不多，可一到逢年过节却是一票难求。去看父母的、看孩子的、两地分居夫妻团聚的……那时，手里捏着一张到孝感的车票，就意味着团聚。

这种时候，哪怕再挤，哪怕没有座位，只要能上车就能跟车走。你可以自带小板凳，可以坐在车门的台阶上，甚至可以四五个人在司机旁边的油箱上挤着坐。中间窄窄的过道里，规规矩矩地或站或坐，有的站着实在受不住了，就蹲一会儿，或是在旁边的座位上靠一会儿。

那时候，听说有谁要去孝感，捎东西的人就特别多。被托付的行李包里塞满了当季的茄子、辣椒、土豆、香菜、香椿等时令农家菜，也有捎些远安的蘑菇、茶叶等土特产的……托付的人会很不好意思地解释说，都是自己种的，吃不完带过去让城里人尝尝鲜。

从孝感捎回远安的，则是漂亮的羊毛衫、轻便的羽绒裤，相比现在时下“打开汽车后备厢，满满都是妈妈的爱”的画面一点也不逊色。

捎过来带过去的，都是两边亲人绵绵不断的牵挂。车进入孝感城区，看见了地标建筑——孝感商场，人们就会笑得合不拢嘴，这说明马上就要到家了。

要是家里有人在车队上班，平时看到的笑脸一定会比别人多些，走在路上，头也抬得格外高些，因为总有人会想搭个顺风车或者捎个东西什么的。

记得有一年厂里任务忙，单位领导给职工们谋个福利提前订票，腊月二十九包了两辆车，人人有座位，将大家送到孝感去过年。一车人有说有笑，有吃有喝，一路上电话声此起彼伏：“妈，我已经上车了……家里的煤气水电都关好了……现在车到了某某地方……中午不用等我吃饭……”

二三十年过去了，单位早已整体搬迁完毕，几乎家家都有了私家车。从远安到孝感也通了高速公路，一脚油门 4 个小时就到了。

坐班车的那份拥挤、那份快乐、那份煎熬、那份期待，永远地留在记忆深处。但大家忘不了故乡远安的山山水水，忘不了厂区里蜿蜒曲折的盘山公路。

每到节假日，总有人想开车回远安，看看远安那宽阔的街道，看看城墙边流淌的沮河水，看看杂草丛生的老厂区，看看残垣断壁上流逝的青春……

研制实践一号卫星的岁月

◎ 焦清德

忆当年，谈感想，无遗憾，向前看，多美好。在我圆满完成我国第一颗人造地球卫星发射任务后，我又参加了实践一号科学探测卫星的设计和曙光一号飞船的模装工作。

我将参与设计实践一号科学探测卫星所经历的小故事讲出来与大家分享，让我们共同回忆那段激情岁月。

集中绘制实践一号卫星总图

那是 1971 年 2 月，国防科委要向中央政治局汇报实践一号卫星的有关情况，让五院准备文件并附卫星总图，特别指出不要蓝图，要原图。为此领导特意组织我们几个同志加班加点绘图。

这在现在不算什么，从电脑里调出文档，在绘图机上很快就完成了。然而在当时我们绘图要用图板、丁字尺、三角板和绘图仪，用手工绘制。因要的套数多，我们每人要画几套，才能满足要求。时间紧任务重，我们齐心协力，终于在规定时间内完成。

这是我第一次完成特殊任务，也是最后一次。这次任务给我的印象很深，我们的绘图能否把广大的技术人员从繁重的体力劳动中解放出来呢？这在当时成了我们的“梦想”。

进入 20 世纪 80 年代，大家开始用 CAD 绘图，很是高兴，然而 CAD 是二维的，尺寸修改，与其他尺寸又不相关，很容易出现差错。

进入 21 世纪，我们又采用 Por/E 设计软件绘图，这是三维的，不易出现差错，这既方便了广大设计人员，又有助于提高设计质量。如今，回想起当初用图板、丁字尺、绘图仪的时代，我感慨万千，我们应当珍惜现代科学技术的发展，这就是提高生产力。

如何泄密的？

实践一号卫星发射前，我们去国防科委汇报工作，在办公室里看到《参考消息》(在当时我们是看不到的)，有篇报道主要讲了三点：第一，在我国发射第一颗人造卫星的地方人员活动频繁，准备发射第二颗卫星；第二，由于技术上的原因推迟发射计划；第三，中方并未放弃发射任务。

这和当时实践一号在基地的工作状态完全一样，故而引起了大家的关注：究竟是如何泄密的？

现在想来也很正常，当时人家的侦察手段已经很强。随着我国科学技术的发展，这不足为奇。

在向国防科委领导汇报卫星发射前各项准备情况时，我院的韦德森汇报相关技术问题，国防科委领导几次追问也没能完全理

解。这时孙家栋轻声走到领导身旁耳语几句，领导立即满意地笑了：“让老韦继续汇报。”

这是我亲眼所见，否则还真不敢相信。可见孙家栋的功底很深，能瞬间把专业技术问题讲得清晰，真令人佩服。

创下第一颗长寿命卫星纪录

实践一号卫星发射时，我在科委值班，当时孙家栋也在现场。卫星发射后，总理办公室要急速了解发射情况，准备向参加三国四方会议的代表通报卫星发射成功的消息。

然而，由于没有收到遥测数据，大家很是着急，这肯定是遥测天线未完全拉开而造成的。于是孙家栋组织大家分析查看数据，经过几天时间，天线展开了，遥测数据传下来了，发射终于取得了圆满成功。

卫星设计寿命 2 年，结果工作了 8 年，创下第一颗长寿命卫星纪录。

今天我看到很多的年轻同志投身于航天事业，心情无比激动：航天事业后继有人，而且他们热情高、信息多、知识面广。

他们是新一代航天人，是我们的希望和未来，他们为我国航天事业实现新的突破积蓄了强大的发展动力。

50 年来，我国已成功发射 200 多颗各类应用卫星、11 艘神舟飞船和 4 颗月球探测器，并形成了六大卫星平台系列，并与国际合作，实现整星出口……这无疑是几代航天人在党中央的正确领导下，继承发扬“两弹一星”精神的成果。

我们要珍惜这来之不易的成果，我们要不忘初心、牢记使命，为建成航天强国而努力奋斗！

露天剧场　留给三线都是情

◎ 陈丽峰

又一次回到鄂西山区远安境内，又一次坐在曾经带给我们童年无数快乐与幸福的露天剧场，我静静地坐着，眼前浮现的是董存瑞、黄继光、邱少云、王成等英雄形象；耳边回响的是“为了胜利，向我开炮”的豪言壮语；心中想起的是当年立下的志愿——当个真正的英雄！

那个年代，大山里没有别的文化娱乐，隔三岔五放一场电影足以让三线建设者们热闹好一阵子。

特别是孩子们，听说有电影便高兴得手舞足蹈，放学回家便催着大人们快快做饭；吃完饭后，碗筷一扔撒腿就往露天剧场跑，或用砖头占个中心位置，或用棍子在地上划个圈圈写上名字，或搬着家里的大小板凳放在操场……一时间，露天剧场便呈现出一番别样的风景。

已经荒废的露天电影院

电影播放前是大家最快乐的时光。大人们拉着家常，邻里之间的和谐融洽伴着欢声笑语回荡在四周。孩子们手捧几分或是几毛钱一袋的瓜子、花生、糖果之类的小吃，一边津津有味地吃着，一边你追我赶玩着各种游戏。

影片放映前，放映员要把灯光对准银幕校对一下位置，而这个时候，孩子们便争先恐后挤到灯光前，对着银幕举起一双双小手，做着各种造型，远远看去就像皮影戏一样。女孩子比划的多是小兔子、小花、小鸡、小鸭之类的，而男孩子比划的则多是狼啊、虎啊等凶猛野兽，吓跑女孩子后占据有利地形，继续做着各种古怪有趣的造型。

记得有一年临近冬天，露天剧场放映台湾电影《妈妈再爱我一次》。当电影放映到一半时，在听到一声“妈妈，你不要走”的撕心裂肺的长喊后，剧场内嚎哭声一片。

让观众伴随电影流泪的还有朝鲜电影《卖花姑娘》，悲惨的剧情引起了现场观众的共鸣。那个时候，老百姓给中外电影总结了一段顺口溜："中国的新闻简报，朝鲜的哭哭笑笑，阿尔巴尼亚的飞机大炮。"

那时候一场新电影到了，大都是一个晚上几个厂先后轮番放映。轮到第三场起码也得到晚上 10 点以后，熬不住的小孩子们还没等电影开始，就已趴在妈妈的膝盖上进入了梦乡。

在露天剧场看电影，真的是一件苦差事，夏天要抵挡蚊虫的"轰炸"，冬天要与寒冷抗争。尽管如此，大家看电影的劲头一点也不减弱，因为如果错过机会，不知猴年马月才能看到。因此，许多人只好下定决心、不怕辛苦、排除万难，坚持把电影看完。

那个时候，我们常常会把中外电影名字串起来写作文，既有趣又简单。比如：我叫《董存瑞》，住在《鲜花盛开的村庄》，为了《打击侵略者》，我加入了《铁道游击队》，走上了《上甘岭》，带领《红孩子》《侦察员》和《狼牙山五壮士》，在一个《看不见的战线》，先后参加了《地雷战》《地道战》《南征北战》《平原作战》……

很多电影，特别是英雄战争片，一些半大的男孩子常常是看一遍不够，再看一遍还不够，于是便约上三五个小伙伴，打着手电筒提着小灯笼，翻山越岭去其他厂看。那种情景，就和当年电影《闪闪的红星》里的场景一模一样。

如今，看电影有许多的选择，再也不用那么辛苦，但那个时代看电影的情景永远印刻在每个三线建设者的脑海里。

我珍藏的中南海参观券

◎ 范卫东

要说我有北京中南海的门票，可能很多人都不会相信。解放前，中南海一直是封建帝王的行宫和皇家游玩之地。新中国成立后，中南海一直是中共中央和国务院所在地。中央人民政府设在这里，中央军委也曾在此办公，许多重要的历史性会议都曾在这里召开。

这么重要的地方，普通人是无法进入的，在普通民众眼里更是神秘和威严的代名词，怎么可能随意让外人进出参观呢。

但在20世纪七八十年代，新中国成立后中南海第一次对外开放，让许多普通人实现了走入中南海的夙愿。

那一段时间，每逢周六、周日及重要节假日，中南海就会有组织地向各单位分配门票，接待群众游览。对外开放地点包括毛主席故居、菊香书屋、颐年堂、静谷和南海的瀛台等。

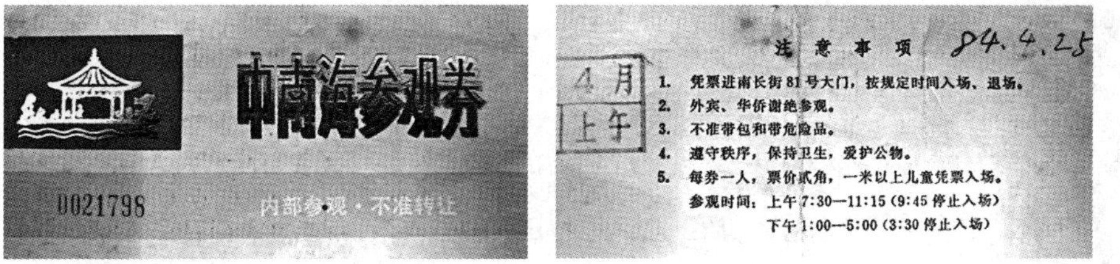

珍藏多年的中南海参观门票

不过，开放只对特定人群，门票并不公开对外售卖，必须通过国家单位控制发放。除此之外，参观还限定人数、限定人群，不是所有人都能随便进入的，比如外国人就不行。

记得1984年4月，我在参加航天工业部培训班学习期间，恰逢部办公厅组织学员参观中南海。由于中南海参观券紧张，所以这次活动只准许我们京外各基地的学员参加，在京各院所的学员不给发参观券。

参观券看起来并不起眼，长14厘米，宽6厘米，白底红字。上面除了印有烫金的“中南海参观券”外，正面还写有“内部参观、不准转让”的字样和编号。我的那张编号是0021798。

背面写有注意事项，不准带包和危险品，还特意盖有时间是“1984年4月25日上午”的蓝色方章。

4月的北京正是花开飘香的季节，气候宜人，一大早我们就来到位于南长街81号的中南海东门口。到的时候，门口已经排了200多人，有不少是大人带着小孩一块儿来的，没有人带包，也没有人大声喧哗。大家自觉持票和工作证（那时还没有身份证）排队，经过检查便可进入这个让人倍感神秘的地方——中南海。

进来后，我们发现这里酷似公园。人们在各处参观游玩，有现场照相服务，还有商店售卖各种纪念品。

我们拿着参观区示意图径直向西去丰泽园参观。丰泽园是个很大的园子，内部有颐年堂、松寿斋和菊香书屋。颐年堂内有会议厅、餐厅、警卫及工作人员室，是毛泽东和其他领导人讨论重大问题、决定国家大事的地方。

接着我们又往西，走进静谷游玩。这里是个很大的园中园，有楼台亭阁、假山溪流，是典型的中式花园。园内的主要建筑有长廊、春藕斋和桂秀轩。简单看过之后，我们又来到中南海的半岛——瀛台，这里的建筑较为集中，自成一体。

在返回东门的途中，会路过“流水音”。这是个很有意思的地方。在一个大凉亭里的地面上，设有曲里拐弯的小水渠，渠内有很急的水流过，发出哗哗的流水声。一旦进入这个凉亭，凉气扑面而来，明显比外面凉爽。如果在炎热的夏季，这儿一定是最好的纳凉场所。

直到 20 世纪 80 年代末，中南海的开放划上了句号，一直到现在中南海再没有向社会开放。我很幸运地成为少数参观过中南海的人之一。

能到毛主席等党和国家领导人工作、生活过的地方参观，亲眼目睹主席生前极为简朴的生活状况，让我们一行人更加深切地感到，伟人之所以伟大，恰恰就在于他也是一个普通人。

如今，30 多年过去了。参观中南海不仅是一段难忘的记忆，更成为鞭策我饮水思源的一种动力。走进中南海，永远是我一辈子的荣耀！

迎难而上发展仿真技术

——关于第一代运载控制系统数字式仿真机的往事

◎ 李柏杨

1994年，长征四号运载火箭开始设计。为了迎接后续的试验任务，第一代数字机被引进了仿真实验室，团队进入了发展时期，着手搭建试验环境。

现在的团队负责人王健，正是那时进入仿真团队的。

当时正值航天发展低谷，人员流失严重。团队成员多数为模拟机时代的老人或者新进团队的本科毕业生。数字机又和模拟机不同，除了新毕业的大学生还稍微能上点手外，新的编程方式和操作流程，一时间难倒了众人。

为了让大家尽快熟悉数字机，团队组织专人前往北京培训，回来后组织大家学习。在设备出售公司的帮助下，团队历时两年，终于根据型号特点有针对性地完成了基本调试。

但随后，一次意外事件让团队的努力付之东流，一次误操作使基本调试完毕的仿真机彻底格式化。型号试验任务迫在眉睫，这可是等不了的大事啊！

当日，王健同另一位团队成员赶往北京，与设备出售公司协商解决办法。

整整 3 天，他们就住在设备出售公司旁的地下室里，想方设法解决问题。不巧的是，原来负责该设备的人员已经离职，设备只能恢复到最初刚购置时的样子，一系列针对试验型号特点的设置必须重新编写。

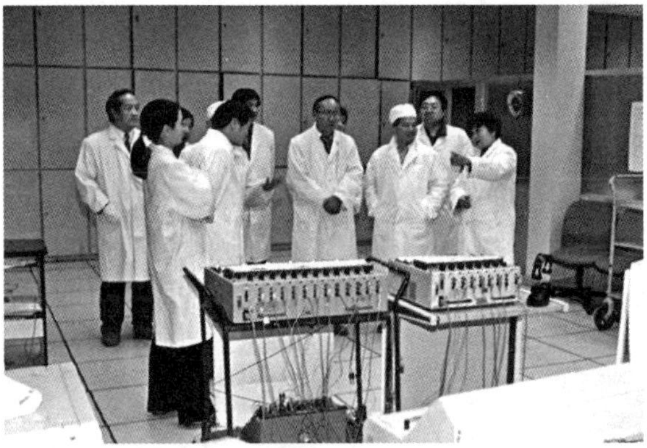

有关专家参观仿真实验室计算机控制系统

有关专家参观仿真室半物理振动试验设备

两人又匆匆回到上海，连家都没回，便直接钻进了实验室里。整整 4 个月时间，团队齐心协力，靠着翻译过来的一柜子说明书和原有的手记，一字一行逐条恢复，终于将设备还原至格式化前的状态，并在 1997 年年中顺利完成调试。

也正是这一年，团队试验能力从原来

的三年一发增长到一年两发，从“长二”二级到“长四”全箭，不仅设备进行了大换血，工作量也实现了“大跃进”。每当团队成员回忆起那段日子，“忙”这个关键字，几乎每人都会提及。

在团队的共同努力下，八院控制所以第一代数字仿真机为主的仿真系统凭借系统小、成本低、编程语言通用性强、易移植等优势，在当时处于国内航天领域仿真技术的领先水平。

该仿真系统也于1998年荣获上海市科技进步奖三等奖、2000年荣获集团公司国防科学技术奖二等奖。

到目前为止，控制所的数字仿真机已经历了三代。以第一代数字仿真机为核心的仿真系统完成了10余次试验任务，为长四乙火箭01批的成功发射作出了重要贡献。

以第二代数字仿真机为核心的仿真系统主要承担了长征四号乙火箭、长征二号丁火箭平台相关控制技术，同时也为控制所现在的发射任务提供试验环境保障，为控制所运载火箭可靠性技术的开展与运用提供了强有力的技术支持。

第三代则以长征六号火箭相关技术为仿真对象。面对复杂而高难度的仿真模型，试验人员迎难而上，从技改、方案论证、仿真系统开发、建立、调试直至试验完成，完成了新一代运载火箭控制系统的所有仿真试验，成长为一支真正能打硬战的仿真队伍。

面对当今航天事业发展所赋予的历史使命，控制所运载火箭控制系统半实物仿真队伍必将继续迎难而上，敢于拼搏，传承老一辈航天人的忘我精神，继续为我国运载火箭控制技术的发展作出自己应有的贡献。

向航天“老转”们致敬

◎ 曹恒平

1969 年 8 月 11 日，由周总理亲自批准，中国航天科工航天三江各公司陆续在鄂西山区远安县组建。

凭着建设好“大三线”的信念，从宜昌、秭归、远安、当阳、枝江等地来的上千名“三线战士”，唱着“毛主席的战士最听党的话”，走进了鄂西山区“三线”建设的主战场。

“老转”是那个时期人们对退伍军人的特殊称呼。作为航天三江初建时“三通一平”的主力军，他们烧石灰、挖地基、搞水泥预制、采集砂石料，是“三线”建设的有功之臣。他们用行动为后来人诠释了个人愿望服从国家需要，个人利益服从人民利益，一切行动听党指挥的忠诚。

他们“抢晴天，战雨天，革命加拼命，苦干加巧干”，硬是在机械辅助设备几乎为零的情况下，凭着双手、双脚，靠着信念、意志，在鄂西山区开辟了一场“逢山开路，遇水搭桥”的惊天伟业。

如今，那段“大三线”建设的岁月虽然远离我们很多年，但“老转”这个拥有责任、理想的特殊群体，以及他们为航天三江作出的贡献，在我国航天事业的发展史上永远不会被抹掉。

江北公司作为航天三江型号发动机主机厂，初建时期退伍军人最多时达 300 余人。

那时，首批到来的 50 余名退伍军人是 1970 年春节过后没几天入驻远安县旧县公社七里大队的。

据他们中的多数退伍军人回忆，进驻的当天，旅途疲劳至极，他们的第一顿饭是围着七里大队的打谷场蹲着吃完的，连一条板凳都没有。当晚的住宿更寒酸，他们只是在老乡家黑乎乎的厢房里的地上铺上稻草，权当成了“集体床”。

那一夜，屋里只有一盏煤油灯忽明忽暗，他们靠墙半卧着，毫无睡意。即便是次日由大队安排分散寄宿在老乡的土墙瓦房里，房间也是简陋得可怜，没有烟囱、窗户，更谈不上任何家具。

据首批入驻者介绍，这批“老转”入驻的初期，也多少有过情绪上的波动，有人还编出了一套顺口溜：“当了工人没有厂，住着农民的小厢房，手中仅有‘三八式’（月工资 38.4 元），饿了去找‘打谷场’（当时职工食堂设在七里村打谷场席棚内），人问厂房在哪里，顺手指向黄土岗。”

但令他们欣慰的是，老乡们对这些来自远方的客人很友好，天天问长问短、泡茶递水，着实让他们感受到了一股浓浓的“军民鱼水情”。1970 年 4 月初，正是山花盛开的季节，田野一片金黄，油菜花绽放出迷人的英姿。这批转业兵经过 3 天的紧急培训后，便开始了通路、通电、通水，平整场地的“三通一平”工作。

通路，自然是“三通一平”先行之事。他们被分成若干组，每天凭着一件雨衣、一双水鞋、一顶草帽、一把砍刀，钻进深山老林，与千年的荆棘为伍，劈出了一条条通向山顶的小道。

一天下来，他们浑身上下被扎满野刺，身上到处是被野刺划出的一道道血口子，晚间洗澡都感觉钻心疼。

但一个星期下来，他们竟习以为常，练出来了。用他们自己的话说，那时年轻，刚从部队大熔炉出来，思想纯朴，浑身有使不完的劲。因此，即便当时条件艰苦得令人难以置信，但他们还是每天朝气蓬勃地唱着“毛主席的战士最听党的话……哪里艰苦哪安家”的歌，积极乐观，忠实岗位。

他们的物质生活虽然极度贫乏、清苦，但精神生活却非常富有。最体现他们“乐天派”的是，他们还组成了七人文艺宣传队。他们自编、自导节目，不仅活跃在江北公司初建时的每个工地、三线战士的居住地，还在“建厂誓师大会”上亮相，此后便开始活跃在旧县、五龙、七里等地的农村。

当时，交通极其不便，据说远安县政府也只有一台“嘎斯车”，想乘车进城比登天还难。在泥泞的山间小道上行走，黄泥沾满水鞋，足有几斤重，走几步就得用树枝刮去脚上的泥。因此，每逢雨天，人们只有选择在家“压铺板”喂蚊子。说起喂蚊子，“老转”们可谓谈“蚊”色变。那一群群大蚊子，最大的像蜻蜓一样，被它叮一口，身上准会起大包，奇痒难耐。为对付猖獗的蚊子，他们只好往暴露在外的身体部位抹上厚厚一层黄泥。

但也有他们对付不了的，那就是一群群的大马蜂。马蜂经常突然袭击，且专选“老转”们的脸上蛰，只要一蛰上，脸上就会有个馒头大的包，睁眼都很困难……

就这样，至 1970 年年底，他们凭着锹、镐、架子车等这些简单、笨重的工具，与当地民兵合力完成了基建任务，还自己动手在山坡上盖起了两栋“干打垒”房子，为江北公司初建时期土建施工创造了开工条件。

飞越昆仑雪峰的航天人

◎ 徐彬瀚

海拔 2780 米的格尔木是昆仑山脉北侧的一座小城，也是通往青藏高原的关口。中国航天科工三院某试验队在这里开展外场试验工作。

作为一名摄影师，为保障此次试验任务进行，我随大部队赶了一天的路，到达格尔木机场。

晚上，我们刚下飞机，很多人已经开始出现明显的高原反应。空气中氧气含量下降，头疼、晕眩是常见的征象。随队的医生护士在当天晚上给大家测量了血氧含量和血压，时刻监测试验队员的身体状况。

第二天清晨，我沿街散步，整个城市很冷清。四处是公园绿荫，很少看到有人走在街上。骄阳光耀万丈，陆离眩目，越走就觉得越晕。空气中的臭氧含量也比较高，走在街上总能闻到一股像是化工实验室里的味道。

上山的那一天，我们在车上准备了一整天的干粮。从格尔木出发，往南向昆仑山，到工作地点需要 3 个小时的车程。

沿青藏线，海拔不断升高，路边有很多自驾、骑行的人，地形崎岖，盘山交错，沙土飞扬。贴山而行，有深沟、有河流，并行的大多是大型货车、油罐车，发生交通事故的风险极高。山重水复，途经玉珠峰——昆仑山东段的至高峰，峰顶茫茫白雪，浓云缭绕其间，苍天像是被冰川刺破一样，云儿如长剑，向四方绽开。岭下乱石莽莽，成群的山羊在路边看着我们，据说有人看到过雪豹在山间疾奔。

我们的目的地位于海拔约 4700 米的可可西里自然保护区，紧挨着雪山脚下。溪流从我们脚下淙淙淌过，还能看到不少土拨鼠从土洞里伸出脑袋张望。

这里的氧气含量大概是平原地区的一半，试验队员们晕的晕，吐的吐，喘不过气。

随队的医生立即给大家检查，总体专业的小张血氧含量低至 40%，面无血色，嘴唇发白，坐在地上说不出一句话。护士立刻开启一瓶氧气罐给他吸入。研究员于大哥血压突然高居不下，满脸涨红，第一时间被送去了医院急诊室。

寒风凛冽，整间厂房被吹得咯吱作响。彭总师上了年纪，白发被风吹得凌乱不堪。他双眼通红，血丝爬满了整个眼珠，但仍然站在工作台前观察试验件。

由于路途遥远，我们每天的工作时间被大量压缩，各项试验科目又不得不提高效率。

我扛起摄像机，屏息静声，拍摄试验队员们的工作。刚拍了一个 20 秒的镜头，我霎时感到大脑一片空白，眼前一片黑暗，蹲在地上不住地喘气，像一个哮喘病人一样捂着心肺调整自己的呼吸频率。

到了中午，我感觉到自己从前额到后脑都剧烈疼痛，满脸发热。医生解释说，一天之内上升近 2000 米，缺氧会造成大脑与身体机能下降，应激性也会使人在这种环境下突然发烧。

这里只有 0.5 个标准大气压，水的沸点也只有 80℃左右，从山下带上来的几个热水瓶，也只能算得上是温水。我们拿这些热腾腾还冒着气的“开水”泡面，面饼都软不下来。

这里离北京差着 2 个时区，傍晚 7 点仍然艳阳高照。我们返回驻地，室内有制氧机和加湿器，利于身体迅速恢复。

这样的环境下，即便饭菜可口，也不能吃得太饱，吃得有多饱，到时候吐得就有多厉害。听说这里的厨师做菜都要用上高压锅，不然做什么都熟不了。

医生护士是最忙的，来回辗转驻地与医院之间，照顾高烧不退和血压不降的队员们。我跟曹医生住在同一房间，每晚都看他很晚才回来。郭护士的住房已经变成了一个临时医护站，她的床上坐满了等待体检的队员们。

其他人也并不清闲，机要员王师傅整理重要资料，牛书记去超市采购第二天的干粮，技术组成员晚上仍然在开会，研讨当日的试验结果。

我吃完退烧药后，就沉沉地睡了过去。醒来时，太阳刚刚升起，曹医生还睡倒在床上，但一片退烧药、一杯水、一支体温计已经放在了我的床头。

可可西里，藏语指“美丽的青山”，蒙语意为“美丽的少女”。

然而，这份美丽之下藏的是死亡的恐怖。一方面，自然条件极为严酷，被称为“世界的第三极”。高原病是这片“生命禁区”的最大杀手，所在部队的指导员曾跟我们说，每年因高原病葬身于此的战士就有十几人。

另一方面，这里地处青海、新疆、西藏的交界处，也是中国四大无人区之一，曾经盗猎不休，犯罪猖獗。25 年前，环保英雄索南达杰在这里孤身与 18 名盗猎分子枪战，英勇牺牲，此事震惊海内外。受这件事影响，可可西里自然保护区随后成立。

如今，昆仑山下有成千上万的解放军战士驻扎镇守，索南达杰的雕像就离我们工作地点不远，如同一尊英魂庇佑着这片广袤的雪域。

航天人不惧风雪艰苦，不问山高路远。终有一天，我们会和解放军战士们一起，看我们的神鹰身披霞光，刺破雾霭，振翅三江源头，飞越昆仑雪峰。终有一天，我将用我的镜头，给更多养育神鹰的兄弟姐妹们讲述我们在昆仑山上的故事。

地面站“追星”三十载

◎ 曹 静 / 吴砚威

2018年6月，我在西昌卫星发射中心亲眼见证了风云二号气象卫星收官之作——风云二号H星的成功发射。受《中国航天报》“岁月·家国”栏目的感召，我在地面站“追星”三十载岁月中无法抹去的“风云”记忆，如潮水般涌上心头。

卫星地面应用系统诞生

在周恩来总理1969年提出的“一定要搞我们自己的气象卫星”指示下，卫星研制快速启动。然而，用好卫星的一个重要前提是卫星数据下得来、收得到，这就需要既能接收也能传输数据的“中转站”。这就是卫星地面站。

1978年，国家气象卫星地面应用系统（国家卫星气象中心+北京、广州、乌鲁木齐 = 三站一中心）开工建设。那时，我对卫星的概念还仅停留在儿时：跟在哥哥姐姐身后，仰着头、竖着耳，努力寻找天上那颗播放《东方红》乐曲的卫星……

1987 年气象卫星地面系统投入运行时，我已大学毕业两年。那时，地面系统开始接收 NOAA（美国国家海洋和大气管理局）卫星资料。我跟着前辈，用仅有的一点卫星遥感知识“捣鼓”起卫星在水稻监测和产量评估的事来。同年，气象卫星在大兴安岭特大火灾监测中发挥了不可替代的作用，这是地面系统成立后首次将遥感图像应用于国家重大需求，气象卫星也因此获得了“森林卫士”的美称。

广州站首获风云第一波

首获风云波的天线

在广州气象卫星地面站东莞庄站区，矗立着一根被称为“现代文物”的天线。别看它锈迹斑斑，样子毫不起眼，但当年，正是它首获风云第一波。

那是 1988 年 9 月 7 日 4 点 48 分，长征四号甲运载火箭将风云一号卫星准确送入太空。18 分钟后，广州气象卫星地面站收到了风云一号卫星发回的双频遥测信号。风云一号卫星成了中国气象卫星走向太空的见证者。

业务卫星“捉到一条龙”

1999 年 5 月 10 日，中国第一颗业务用极轨气象卫星登上太空并传回第一幅卫星云图。人们惊喜地发现，卫星捕获了一条传说中的中国龙：图像中，绿色的陆地、黄色的沙漠、紫黑色的水体映衬着白云与喜马拉雅山常年积雪——龙头、龙眼、龙嘴、龙身、龙尾清晰可辨、栩栩如生。

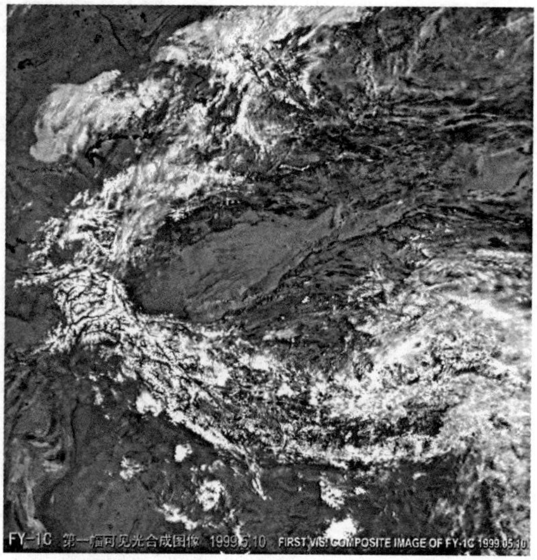

卫星云图中的“龙”

这颗“一遇风云画真龙”的卫星，成为第一颗达到并远超设计寿命的遥感卫星。

卫星地面系统不断升级

2008 年，我国极轨气象卫星进入“风云三号”时代，佳木斯地面站被纳入地面站家族。2012 年，瑞典基律纳又成了首个海外站。2013 年，广州站业务从东莞庄站区搬迁至天鹿湖站区，喀什卫星站把接收范围往西推进了 12 度。

2018 年，气象卫星地面系统形成了“1+5+2”多站组网格局（即 1 个数据处理中心、5 个境内数据接收站和 2 个境外数据接收站)。其完整的卫星数据接收、传输、存档、处理、分发与技术服务协同运行，在灾害监测和保障国内外重大任务需求中发挥了重要作用。

未来，卫星地面系统更加美好

沿着广河高速远远望去，十几座巨大的天线与周遭景色形成了鲜明对比，这是“不惑之年”的广州气象卫星地面站天鹿湖站区。

大堂里“严肃认真、周到细致、稳妥可靠、万无一失”的工作方针极为耀眼。院里大小口径不一的“大锅”“大球”仰望着星空、跟踪着卫星、接收着信号、发送着指令。这个地面站似乎成了最繁忙的“传达室”，伴随着机房里“滴、滴”的声音，不断有信号和图像传来。

走进中国第一个风云卫星博物馆，见到第一代地面站设备，你会瞬间感觉时光穿越回到 20 世纪 80 年代。

“手动操作时，一群人围着接收机是常态，遇到机器故障，我们要手动跟踪，根据信号强度和经验控制天线，保障成功率。”我一边向参观者介绍当年的“追星”细节，一边模仿值班时发出的口令，“50，50，我是 52，我们已做好接收风云卫星 1001 轨准备，请指示……”这满满回忆丰盈了岁月。

我回想在地面站 30 多年的“追星”岁月，不禁为我国气象卫星取得的成就、为自己亲历这一切感到骄傲自豪。

记忆深处“沟”里的故事

◎张 涛

我出生在一个普通的工人家庭。父亲早年在外地当兵，退役后到胜利油田工作。后来，带着湖北人浓浓的家乡情结，他辗转到了066基地（现中国航天科工航天三江）工作。在这里，他遇到了我的母亲，我也就这样诞生了。

儿时的我特别崇拜父亲。他是一名电工，经常在半夜被敲门声叫醒。我常常会在迷迷糊糊中听见有人说厂里停电了，需要火速救援。这时候，父亲总是二话不说，穿上衣服，背上工具，拿起电筒就出门。至于他什么时候回来的，我一般就不知道了。

在家属区的夜晚，一旦突然停电，父亲也是立刻拿起工具下楼。不一会儿，整个家属区就恢复了光明。我当时的感觉是：他出去了一会儿，灯就亮了，真是神奇啊！

我的母亲是名小学数学老师，经常把学生从一年级带到毕业班。在我的印象中，她当时几乎每天晚上都要备课和批改作业，而我就在她旁边写作业，一大一小伴着写字的沙沙声，安静地各做各的事情。

当时老一辈航天人为了响应祖国“深挖洞，广积粮”的号召，将航天基地建设到了远安县——一个坐落在群山里的小县城。

因此，我们也称远在远安县的基地为“沟”。家属区就在沟里一个小山坳地势最低的地方，人们上学、去医院都要爬很长的坡。一下雨，地面积起的雨水常常没过脚面。有一年夏天发了大水，半夜楼下有人吼叫，我们出去一看，雨水都淹过膝盖了，大家纷纷在抢救物资。

翌日，有人发现鸡棚的不少鸡都淹死了。大人们一阵哀叹，孩子们却兴高采烈地拿着篓子、网兜出发了。

不过，孩子们并不是去捞鸡，而是去捉鱼。大家自发分成几组，跑到菜地旁边的小水沟边，用石头和砖块把最窄的地方垒起来，让它变得更窄。之后，再用篓子或网兜堵住出口，开始“守网待鱼”。不一会儿，孩子们就会时不时爆发出欢笑和惊呼。“等”到了鱼，不论大小，参与者均有份，不亦乐乎。

小时候没有电影院，可各个厂区都有自己的露天电影场。我父亲所在的水厂比较小，没有电影场，大家就经常跑到总体部和医院的露天电影场看电影。由于不想老站着，大家还得自己带马扎。虽然山高路远，可大家都洋溢着幸福的微笑。

后来，机关建了一个最大的露天电影场。超大水泥“巨幕”、水泥阶梯座位，容纳四五百人都不显得拥挤。想去的人也不再扛着马扎，只需要自己带块垫子就可以了。

那时的电影经常会拖延一会儿才放映，据说是因为胶片只有一个，得别人看完了我们才能看。不过大伙儿也不介意，就在座位上沐风闲聊。直到送胶片的吉普车来，随着电影的播放，人群才渐渐安静下来。“沟”里的老师大部分都很严肃，但有个共同点是上课非常认真。他们生怕学生听不懂，反复说一样的话，同学们反而感觉有些啰嗦。有些老师脾气很大，也体罚学生，当然是因为那些爱上课捣乱的学生。有了“杀鸡儆猴”，学生们大都也就乖乖的了。

我上小学三年级时，母亲刚好是我们班的老师。有一天，她在课堂上点我回答问题，我当时正在开小差，立刻蒙了。但那种感觉不是愧疚，而是恼火，心想：“你点我做什么，我不会岂不是太丢人了。”于是，我就挺着脖子不理她。然后，就没有然后了……回家后，老妈把我狠狠揍了一顿，从此我老实了许多。

那时，人们都很淳朴，邻里也很和睦。我经常到邻居家里蹭电视看。后来，我家买了彩电，邻家小哥就到我家蹭电视了。

我们一个家属区的小伙伴不论年级高低都在一起玩各种游戏，爬高上低、打玻璃弹珠、拍洋画、跳格子等一应俱全。那时，新建的家属楼还未竣工，大家还跑到里面捉迷藏。如今想想还真有些后怕，但当时真的很快乐，现在我是再也无法体会到这样的乐趣了。

这就是“沟”里的生活，虽然收入不高、生活简朴，但关系融洽。需要帮忙时只要招呼一声，邻居都会热心地搭把手。现在回想起来，我依然感到很温馨。

当年那些“沟”里的回忆，化作一幅幅黑白照片，被保存在了我家的相册里。虽然它们已经被封存在记忆深处，但时不时仍然会跳出来，为我的人生快车加油鼓劲。

亲历1988年“三新聚会”

◎ 范玉林　口述 / 贺智佳　整理

1988年，31岁的我跟随试验队奔赴太原卫星发射中心，参与长征四号甲运载火箭试验任务。这是上海航天局继“风暴一号”后组织的第一次大型号飞行试验。

我在此次任务中主要负责地面测发控系统，这也是我第一次跟随试验队参加发射任务。十年磨一箭，我的心情既紧张又激动。

7月入场时正值酷暑季节，试验队将近200名队员乘专列从上海航天站出发了。我们乘坐的绿皮火车没有电扇，几十号男男女女在密闭的车厢里很是闷热，也没有手机这样的电子产品打发时间。队员们一路上也不放松要求，一般上午开会、下午有“双想”活动。中途停靠的车站都是荒无人烟的兵站，连采买东西的地方也没有。就这样坐了2天3夜的火车，我们终于到达发射基地。

当时地面测试设备还没有实现小型化、标准化，集成度很低，是个极为庞大的系统，电缆、电箱要占一节火车厢，而且电缆设备只有一套，用完还需全部拆卸运回上海。装卸也是一项大工程。我们10多个小伙子也顾不得坐火车的一路颠簸，到了发射场第一时间就投入到卸车的任务。手臂粗细的电缆100多米长，当时没有设备也没有工人，全靠试验队员手搬肩扛，大家却干劲十足——因为后续还有安装、调试等更为繁重的任务等着大家。

记得有一次，我们要到几千米之外山上的雷达站开展对接试验。那时没有高速公路，只有盘旋狭窄的山路，需要有多年驾驶经验的"老司机"才敢开，如果遇到对面错车、雪天路滑，那更是要万般小心。那次我坐在副驾驶位，虽然"老司机"心里有杆秤，但从我的角度看过去，前面是一个个望不到路的急转弯，侧面车窗外就是没有任何防护栏的万丈深渊，那感觉真像是坐过山车。

为了确保长征四号甲运载火箭不带问题上天，在我们到达太原发射场的第一次试验队员全体大会上，总师孙敬良院士就开始"痛说革命家史"，向大家反复强调产品质量的重要性。

会上，最让我记忆犹新的是这段话："无论出现什么问题，只要在火箭0秒点火前如实说出来，不但不用承担责任，不会被处理，反而还会立功。但是，如果为了维护小团体或个人利益，对出现的问题隐瞒不报，让火箭带着问题上天，那就一律严惩不贷！"确保首飞成功，我们失败不起，没有退路。

两个月的时间里，长征四号甲运载火箭解决了技术阵地测试中发生的大大小小近30个问题，终于转场到了发射阵地。此次地面测发设备是国内第一次使用的自动测试和发射控制系统——CAMAC系统，简称卡马克系统。卡马克系统的主要功能是通过地面计算机完成数据采集并发出相应指令，实现箭载设备的全部测试控制和发射控制功能的自动化。

在长征四号甲运载火箭首飞技术阵地测试中，卡马克系统的表现中规中矩，一路绿灯。转到发射场地后，卡马克系统开始出现工作不正常的情况。自动发射控制部分工作异常，无法实现正常的发射控制功能，我们连续几天几夜进行故障排除。因为发射工作已经进入了倒计时，各系统都已经进入了临战状态，各岗位都严阵以待。如果因为我们的系统推迟发射，那影响和损失会非常大。

这是一次“三新聚会”。长征四号甲运载火箭和它将要发射的风云一号气象卫星一样，都是第一次参加大型飞行试验的新型号，再加上太原卫星发射中心是第一次作为发射首区承担大型运载火箭的发射任务。

除“771”工程总师任新民带领航空航天工业部工作组全程参与发射场工作外，上海市委副书记代表市委和市政府，带领市国防工办的人也来到发射场，上海航天局的领导更是倾巢出动，全体党委委员都来到了太原卫星发射中心。可想而知，当时我们的压力有多大。

时间真是太紧张了，卡马克系统的机柜被“开膛破肚”，与测试有关的数据模块都换了一遍，但还是不管用，我们已经由失望变为绝望。最终，领导决定彻底甩开卡马克系统自动测试功能，采用手动简易测试的方法。

9 月 7 日凌晨 4 点，调度单机里已经下达了“30 分钟准备”口令。此时，我的工作岗位在发射塔架的地堡里，这里是离火箭最近的地方，危险系数相对最高，一旦发生事故，很可能造成人身伤亡。但当时我们顾不上这些，只知道要坚守岗位，而且当时型号领导也都在地堡观测监视器上的参数。

“1 分钟准备！”除了调度单机中的口令以外，整个发射场没有任何声音，空气已经凝固了。“10、9、8、7……”零号指挥员倒计数的口令在发射场回荡，每个数字都像一把沉重的铁锤，狠狠地敲在我们心上。

“点火！”

腾飞！火箭带着无数人的期望和祝福，凝聚着无数人的心血和汗水一飞冲天。

随着点火的成功，长征四号甲火箭成功发射风云一号气象卫星，成为我国第一枚首飞即成功的运载火箭。此次运载火箭研制成功，使中国长征系列运载火箭的工作范围扩大到了能覆盖包括太阳同步轨道的全部地球轨道。

那是我第一次参与试验飞行任务。在那之后的 30 多年里，我陆续参与长征系列运载火箭发射任务 30 余次。因为岗位原因，发射时我大都在地堡和控制室，所以不能亲眼目睹火箭腾空而起的那一幕，但火箭升空的震撼画面却一直萦绕在我的梦中。十年铸一箭，甘苦寸心知。

第三章

家国记忆

慈爱的父亲　伟大的榜样

——纪念张钧诞辰 100 周年

◎ 张新萍

2019 年是父亲诞辰 100 周年。

父亲虽早已不在我们身旁，但记忆中的伟岸身姿、谆谆教诲、如山父爱，始终伴我左右。

记得小时候，父亲很忙，即便在家时，也多是在客厅开会，或在书房办公。妈妈总说：“爸爸的工作很重要，不要去打扰他。”而我们只要一有机会，就会围着他，听他讲打仗的故事。

那时，每个孩子的手都曾抚摸过父亲下巴上那一道子弹划过留下的伤痕，以及腿上弹片划过留下的伤疤。父亲像一棵参天大树，不管逆境顺境都傲然挺立，用宽广的树荫庇护着后来人。

父亲出生在山东寿光农村。考入济南齐光中学后，他开始参加学生抗日救国活动。1937年5月，父亲入党，自此踏上革命的征程。

父亲身先士卒、不怕牺牲。他曾亲自化装侦察，率部队夜袭山西沁源西北部王和镇。此处扼守半山腰之隘口，易守难攻，是敌我双方必争之地。此战毙伤敌300余人，取得了该队伍对日作战的首次大捷。

抗战胜利后，国民党挑起了内战。1947年8月，陈赓大军南渡黄河。正值汛期，黄河水奔腾咆哮，父亲所在团作为突击部队率先渡河。船未靠岸，父亲就纵身跳进齐腰深的水中，命部队迅速抢占滩头阵地，随即急进90里，奔袭新安县城，歼守敌2000余人，形成了陈赓大军腰斩陇海之势。

在这一年，父亲与母亲结成革命伴侣。不久，父亲因战事离开，再次相聚已是三年后。

1950年，父亲任39师政委，兼普洱军分区政委、普洱（思茅）地委书记，父亲一心增进边疆各民族团结，稳固边防。

为改善人民生活，父亲带领一班人，足迹遍及全区15个县，修公路，建水库，开发盐矿，兴办橡胶农场，改进作物种植，兴办邮电和医院，发展卫生事业。

1955年10月，父亲在中共中央七届六中（扩大）会议上向党中央作《边疆民族地区农业合作化问题》报告。会后，毛主席非常高兴，亲切地指示：请小平同志再听一次张钧同志的汇报。后来，父亲在思茅地区所做的工作受到了中央领导肯定与鼓励，《学习》杂志也刊登了父亲在会上的发言。

1958年9月，父亲调到国防部第五研究院，从事国防现代化建设工作。全家随父亲一同来到北京。

父亲先后任国防部五院一分院副政委、政委，第七机械工业部第一研究院党委书记。

父亲领导力高、执行力强。从制定型号发展规划、组建航天人才队伍，到参与、领导型号研制工作，父亲将科学家、工程技术人员、干部、工人团结起来，攻坚克难，取得了一个又一个新突破。

父亲关心干部职工，尊重知识、尊重人才，与许多专家、科技人员成为知心朋友，堪称热心为群众排忧解难的典范。

“文革”期间，父亲不幸受到牵连。1975 年 6 月的一天，正在学习班“接受教育”的父亲突然接到通知：到会议室开会。

父亲刚到会场，张爱萍同志就对所有人说：“我把你们的老政委张钧同志请回来了，你们欢迎不欢迎啊？”

紧接着，张爱萍宣布：“邓小平副主席对张钧同志非常关心，中央任命他担任七机部副部长！”

这时，会场上响起长久热烈的掌声。

此后，父亲又任航天工业部部长、党组书记，领导航天系统的全面工作，主持实现第一代型号向第二代型号的更新换代。

父亲为我国航天科技工业发展作出了重要贡献。

后来，中国成为世界上第三个成功使用氢氧发动机、独立研制地球同步轨道通信卫星的国家。

这些成绩在国际宇航界引发轰动。时任美国宇航局局长贝格斯专门写信祝贺，并对中国航天事业的发展表示钦佩。那时，父亲感慨地说：“真的不容易呀，美国人终于承认我们了。”

父亲敏锐地察觉到，中国航天走上国际市场的时机成熟了。于是，父亲提出“军转民，内转外”的航天工业改革计划，即在完成国家任务的前提下，发挥本部门优势和潜力，从军工小天地走上国民经济建设的大战场，并要跨出国门，走向世界。

父亲旋即作出决策，访问德国和意大利，并派遣宋健、程连昌、刘纪原几位原副部长相继出访美、法、英，洽谈国际合作，打开通向世界之路。父亲在德、意签署了政府间航天科技合作协议。那时，德国曾有报道称："中国这位革命家部长的深谋远虑，预示着中国航天将走向世界。"

1985年，中国政府宣布，中国长征系列运载火箭将投放国际市场，走上了国际商业发射服务的舞台。

父亲离职后，依旧关心航天事业的发展。

1995年，父亲曾寄语航天行业青年：优秀的人才要培养出更优秀的年轻人，只要有半数人带好头，我们就能在时势变革中争取与发达国家并驾齐驱，再经过三四十年的努力，跻身世界之冠。

在长期的超负荷工作中，父亲病倒了。1997年6月2日，父亲永远地离开了我们。

《人民日报》在讣告中这样评价父亲："张钧是中国航天事业卓越的领导者和开拓者之一，在60多年的革命生涯中，始终忠诚党和人民的事业。在革命战争年代，他作战勇敢，身先士卒，能文能武，积累了丰富的政治工作经验，展示了优秀的指挥才能。新中国成立后，他为祖国边疆地区的安全稳定、民族团结和经济发展作出了重要贡献。在近40年的航天事业建设中，他正确执行党的路线、方针、政策，全力以赴，刻苦攻关，不辱使命，为我国航天事业的发展壮大立下了不朽的功勋。"

父亲虽然离开了，但我相信他一定能看到：未竟的事业后继有人，我们的祖国有了日新月异的变化，各行各业的飞速发展令世界刮目相看，中国已屹立于世界之林！

亲爱的父亲，我们永远和您在一起。

父亲的守候

◎ 王宇豪

在很多人看来，我的父亲王曙群是时代造就的大国工匠，是站在国家最高领奖台上的工人代表。然而在我眼里，他就是我的父亲，一位再普通不过的父亲。

月光下，在一盏台灯守候我成长的岁月里，它也守候着我的父亲，为他点亮浩瀚星空中的一颗颗“明珠”。

回想起来，“天道酬勤”就是父亲教我的第一个人生道理。

年幼的我，时常在家里守候着房间里的一台电话，期待着能和电话另一边的父亲多说上几句话。那时的他，不是在单位，就是在我不知晓的地方忙碌着。常常要隔几个月、甚至是半年，我才能和他见上几面。那时，他陪伴我的时间少之又少，却总会抽空叮嘱我：天道酬勤。

看着父亲日日夜夜地坚守在自己的岗位上，不断地研究着如何攻克难题，我渐渐从中明白：当“勤奋”遇上“守候”，就能让普通人获得成功。

在为航天任务一次次攻关技术的艰辛岁月里，父亲总用一个故事激励着自己：当一切都看起来无济于事的时候，我去看一个石匠敲石头。他一连敲了 100 次，石头仍然纹丝不动，但当他敲第 101 次的时候，石头裂为两半。可我知道，让石头裂开的不是那最后一击，而是前面的那 100 次敲击。

无论是工作上或是生活中遇到别人退缩或者逃避的问题，父亲总能沉下心来，一次又一次地敲击石头。

对接机构的工作，他一干就是十多年。

可能在那十多年中，他都没有取得巨大的成功，一直都是默默无闻地从事着枯燥的工作。也正是因为这十多年的积累，他最后才有机会、有能力给予石头敲成两半的最后一击。

静候岁月，交会对接的成功并非偶然，可能得不到一点点的回报，他所能做的就是不断地坚持做下去，并且不断地给自己打气，告诉自己成功可能会在下一秒出现，要耐得住寂寞，沉下心踏踏实实做事。

如今，在大学的生活里，我和父亲也是相互守候——联系着我们的依旧是一份牵挂的电话。

一天，父亲突然来电话说：“今天我有一个评奖的答辩，你也来看看吧。”

原来，父亲所说的“评奖”是国家科技进步奖，我从未想过他能拿到那个奖项。我猜想，在我们学校，拿到这奖的不是院士，也至少是教授级的人物了吧。

放下电话后，我抱着怀疑的态度从学校出发了，乘了半个多小时的地铁终于到了会场。走进会场，我看到父亲站在讲台上，滔滔不绝地阐述对接机构的研制心得。

此刻，他似乎和我认识的父亲完全不一样了。这个父亲与平日完全不同，他不再寡言、不再腼腆，台上的他显得那么自信、那么“霸气”，配上他引以为豪的“国旗装”，可以说得上气宇轩昂，是最帅的父亲了。

二十几年里，每当父亲的朋友和同事问起他的艰辛攻关之路时，他会说，在接触对接机构的时候刚好我出生——因此在他眼里，事业也如同他的孩子一般。

我心里明白，父亲为了我、为了这个家一直坚守着，他用自己的方式表达“爱”，慢慢地告诉我做人、做事的道理。

那一份月光下的守候就是我和父亲之间爱的桥梁。正如他参与的“玉兔”“天宫”一样，都在他的守候中感受着一个男人肩上的担当与细腻的情怀。

在我心里，父亲不是大国工匠，是一个为事业付出的普通工人。他没有光辉的荣誉，有的是一次次对于工作的肯定；他没有感天动地的“爱”，有的是一份细水长流、能让我们彼此守候的真情。

航天家风不惧险

◎ 田　鹏 / 武阿珍

还记得在感动中国现场，当主持人问到“你当时是怎么选择这个岗位的?”徐立平的回答简单干脆：组织分配、父母支持。

古往今来，一个家庭，对孩子影响最大的是父母，对孩子影响最长久的是家风。在徐立平家，我们看到了不平凡、不惧险的航天家风激励这一代又一代人为国奉献；在徐立平家，我们也看到了平凡的力量——优良家风离我们每一个人都不遥远，优良的家风滋养心灵、引领行为。

一家三口没人后悔

1987年，不到19岁的徐立平从陕西航天技工学校毕业了。按照他父亲的期望，徐立平本来打算到导弹发动机壳体加工岗位工作。

而后有一天，他突然得知，航天科技集团四院 7416 厂发动机固体推进剂药面整形组里，有一位年龄偏大的同志调离了岗位，急需有人补上。厂里通过学校，了解、看中了徐立平。

当老师告诉徐立平这一消息后，他便迫不及待地坐上了回家的公共汽车。

一进家门，徐立平便兴奋地告诉父母：“我要去发动机整形岗位工作啦！”

话音刚落，两位“老航天”的脸便僵住了，不知其缘的徐立平诧异问道：“你们怎么不为我高兴呢？是他们挑上我的！”言语间，还带着一丝年轻人的骄傲。

其实，徐立平口中的发动机整形岗位，竟是母亲温荣书多年前就从事过的工作啊！也因此，父母深知这个岗位工作之危险。

徐立平是家中长子，于情，父母不愿意让他去；于理，两位“航一代”多年来一直践行着特别能奉献的航天精神，这让他们最终选择了“同意”。

还记得徐立平在参加完挖药突击队的紧急任务后久病卧床不起，父亲徐桂林曾经问他：“后悔吗？”

“后悔有什么用。”徐立平低着头说，“再危险的事情都得有人干啊。你跟我妈都干过危险的工作，你们后悔过吗？”

儿子的一句反问，让能说会道的徐桂林顿时没了词儿。是啊，虽然他只是个卡车司机，也同样执行过危险的任务。

责任、敬业、坚守

徐桂林曾是转业军人，任何时候服从组织安排、踏踏实实做事情，是他始终奉行的工作准则。

他是已有50多年党龄的老党员，对党、对国家有着深厚的感情，言必信、行必果，默默付出不求回报是他人生的信条。他从来没有因为自己是一名普通司机，而降低对自身的业务要求；不仅个人驾驶技术娴熟，更是积累了丰富的维修保养车辆的经验。

徐桂林开的车永远是干干净净的，不光是外表，打开引擎盖，里面都是干净的。每次到集中审验车时，徐师傅的车常常是被放在第一排第一个作为样板车进行检审。他坚持“不带故障出车，不留故障过夜”，他开的小轿车曾保持着行驶28万千米无大修的记录。

徐立平的母亲温荣书，曾是发动机药面整形车间最早的一批整形工人，是站在危险岗位的第一代航天人，同样因为工作出色荣获了多项荣誉。

到任务最需要的地方去

作为“航二代”，徐立平兄弟姊妹三人追随着父母奋斗的足迹走上航天道路，也传承了父辈们刻在骨子里的航天精神。

在两个儿子选择岗位时，母亲给出的建议都是到任务最需要的地方去。责任、敬业、坚守，则是徐桂林夫妇对孩子们提出的工作要求。

徐立平的弟弟徐凡平的工作与哥哥和嫂子相比，要安全、舒适许多，虽然也跟化工原料打交道，但毕竟气味没那么刺鼻。徐凡平的工作也颇为出色，短短几年间，便成为车间里的技术骨干。

徐桂林对两个儿子表现出的工作能力颇为自豪：“我们家的人，干技术活儿，都还不错的！”可他万万没想到，当初为二儿子徐凡平选择的“安全”岗位，竟然也发生了意外！

1995年初夏的一天上午，徐凡平正在加工重点型号上使用的纤维材料时，一位工人操作失误，导致容器中的高温化工品四处喷溅，在场人员被烧伤。其中，徐凡平的伤势最为严重。

温荣书见到被严重烧伤的徐凡平时心如刀绞，在手术通知书上签下自己的名字时，温荣书的眼泪止不住地涌了出来。

夫妇二人默默工作几十年，一生最好的年华都献给了中国的航天事业。如今，儿子也为国家的航天事业负伤，命悬一线，在那张手术单上签名时，他们才真切地感受到，“献了终身献子孙”是何等悲壮的事。

徐凡平奇迹般地熬过了危险期，并以超强的毅力挺过了漫长的康复期，终于走出了医院。

和哥哥一样，徐凡平康复后便回到原岗位，依然在生产一线从事本职工作，依然是车间里的技术骨干，依然参与了各项重大任务的生产工作。

多年后谈起此事，温荣书淡淡地说，干我们这行的，就要有奉献精神，国家才是第一位，没有国哪有家？

每一处花开，都是我们期待的芬芳

——致我那与新中国同龄的父亲

◎ 梅小娟

父亲是新中国的同龄人。他身子还算硬朗，每天早晨从家出发，走到中湖公园，历时两个小时。偶尔，我会在周末陪着父亲一起走。

一路走，一路细细碎碎地聊。所有话题都是当年那些“碎片化”的事件，每一次聊起，又都能新增一些细枝末节。那拼凑出来的鲜活过往，就在我们眼前跳跃招摇，似乎一伸手，就能找回从前。

父亲一生多曲折。奶奶抱着还在襁褓中的父亲，看外面的一群群大兵呼啦啦走过，有一个大兵停下来看着父亲，突然哭了，他想起了自己的妻儿。一旁的奶奶怯懦，吓得噤了声，直把父亲往怀里藏。

母亲说，哥哥还在肚子里，父亲就随着部队的大卡车到了当时的秦岭深处，开始了如火如荼的三线建设。这一走，家乡便成了铁轨尽头的故乡。

为数不多的几次回家探亲，谈起工作，父亲言语里溢满自豪。1981 年的那场大水，在老家的母亲听到广播后顿时坐不住了，拉着哥哥和我从老家出发，开始了一场艰辛跋涉。我们坐轮船，挤上绿皮火车，坐几天几夜，转车……几经辗转，才得知父亲的单位还在几百千米之外的大山深处。

开阔的田野，偶尔错落的工厂，安河咆哮，洪水滔滔。几天的奔波，我们的脚都肿了，父亲拉开车门的那一刻，我光着脚下车，竟不自知。母亲一下车就哭了，这里哪有父亲平日给我们描述中的车水马龙，高楼大厦？

父亲局促愧疚地说：“正是抗洪抢险、恢复生产的紧要关头，不能陪你们了！”

雨中的黄昏很静，弯弯曲曲的一条石子路又细又长，母亲委屈的泪水还在眼眶里打转，就被粗砺的生活风干。自此，秦岭的缝隙深处多了一个开荒劳作的妇女，她将秀丽的江南悄悄隐藏在我们的身后。

时势造英雄，负重建伟业。为了长征三号甲运载火箭的成功，研制队伍历经 8 年的艰苦鏖战，历经了一个个不眠之夜，一次次闯关夺隘，一次次拼搏会战。1994 年 2 月 8 日是中国航天史上浓墨重彩的日子，长三甲火箭以雷霆万钧之势拔地而起，昂首飞向苍穹。

“长三发动机是在长二基础上一个质的飞跃，有低温二次启动，当时是一个全新的课题……”现如今，年已古稀的父亲，提起当年的研制故事仍旧历历在目。

我俩一路走，一路聊。聊得最多的还是山沟里的生活。冬天的夜晚，龙口镇的风凄厉咆哮，如含冤的女人呜咽，出去上厕所瑟瑟发抖；早晨起床，取一瓢热水浇向外面的水管，才能正常地完成洗漱。

即便是这样，贫瘠的山沟里依然诞生了惊天动地的事业，液体火箭发动机就是在这里诞生，第一枚洲际导弹就是在一间简陋的厕所里研制。每每说到这里，我的内心总会涌起许多感动。父辈们这一代的艰苦创业，都被秦岭巍峨的高山一一收藏，那山上苍郁的松柏，都是他们生命的雕塑。

父亲进沟二十多年，从基础设施建设到与自然灾害抗衡，就像拓荒者一样，一点点地谱写着航天事业从无到有、从小到大的篇章。

后来，“大本营”搬到了西安，无论是工作还是生活都与原来有了天壤之别。我也正如父亲所愿，成了“航二代”。如今，我的孩子即将参加高考。我很庆幸，她再也不用背负生存的重担，而是能将视野投向那遥远的他乡。

三代人，是时代的见证者、建设者、亲历者，我们被脚下的土地孕育，我们的风骨也是这片土地所赐予。父亲用生命注解的信仰，滋养了我的成长。站在脚下这片热土，我的胸膛里仍然激荡着父亲当初的温度。万丈高楼，有深埋在地下的基石，也有倚楼远眺的风景。

如今，年过不惑的我和古稀之年的父亲早已将自己的情感和生命融入航天这片热土，并深深扎根。坐在中湖公园的制高点，极目远眺，满目苍翠，漫天漫地的粉色蔷薇开得热烈而又妖娆，如瀑布；坡上一陇陇整齐的薰衣草开得内敛而又含蓄，如烟如雾。阳光像荻絮，落在父亲白发苍苍的头顶上。公园上空，飘荡着淡淡的幽香。每一处花开，都是我们曾经期待的芬芳。

那些年：薪火相传，为国铸剑

◎ 刘 凯

我是听着父亲讲述军营故事长大的。

20 世纪 70 年代末，在苍茫的祁连山下，一群面容刚毅的军人在奋战。他们正在为我国战略导弹修筑“地下长城”，而我父亲就是其中一员。

那一年，父亲 18 岁，坐了 5 天 5 夜的火车，从山东老家来到了青海祁连山下。

5 年的时间，他一直在方圆数百里不见人烟的高原深山里奋战。在那个“深挖洞、广积粮”的年代，父亲和他的战友是这一口号最坚定的履行者。后来我听说，当地有一座大山都被他们挖空了。

5 年军旅生涯，父亲受过伤、流过血，也曾与死亡擦肩而过，但他从未后悔过。只是有一次，父亲对我说，他唯一的遗憾，就是没能亲眼见见那住在他修建的房子里的国之重器。

那一年，我才知道，父亲是带着遗憾离开部队的。5 年的行伍生涯铸就了父亲强壮的体魄和钢铁般的意志，也让他成为一个忠实的军迷。

我小时候最喜欢的课外图书就是父亲坚持购买的军事杂志。当我还不识字的时候，父亲就已经把我抱在怀里教我认识杂志里的武器装备了。

在父亲的影响下，我也成为一名军迷。再长大一些，我也开始用自己的零用钱买军事杂志。从那以后，父亲便会每个月多给我一些零花钱，我们家买军事杂志这项“光荣任务”就交给了我。

记得最开始，国家经济不是很好，军事杂志里介绍国产装备的篇幅很小，每一次国产装备的出现都会让我欣喜若狂、骄傲万分。

进入 21 世纪后，国家经济开始腾飞，慢慢地，国产装备在杂志上出现的频率越来越高了。有一次，父亲指着杂志上的某一幅图兴奋地说：“原来我当时就是为这个家伙盖房子啊。”

再后来，我高中毕业，报考了西北工业大学的飞行器动力工程专业。接到录取通知书的那天，父亲显得特别高兴。

那一年，我 18 岁，第一次被父亲叫上了酒桌；那一年，父亲拍着我的肩膀说：“你比我强。”

几年后，我毕业了。那年，我离开学校参加工作，来到了航天科技集团四院。

父亲听闻后，欣喜地从山东老家赶了过来。我在火车站接到了父亲，即使年过六旬，父亲的腰板还是那么挺拔，这是军人生涯给他的礼物。

我带他绕着单位走了一圈，向他细细地讲述了单位的光荣历程。

我略带骄傲地对父亲说：“我们制造的宝贝可能就住在当年你

们修建的房子里。”父亲听后，高兴又激动地拍了下我的肩膀：“为国铸剑，不错！”

那一年，父亲 18 岁，他参军入伍；那一年，我 18 岁，选择了飞行器动力专业；那一年，父亲 23 岁，离开了心爱的部队；那一年，我 30 岁，来到了四院参加工作。

那天晚上，在酒桌上，父亲端起酒杯对我说：“薪火相传，为国铸剑，不错！”

“胖五宝宝”和我的航天路

◎ 陈育阳

2016年11月3日20点43分，我国首枚大型运载火箭长征五号成功首飞。

那时的我，正在北京的医院产房里陪护着家人，我们可爱的女儿在那天降临人间。从那一天起，欢乐是你，忧愁是你，一切都是你——我们的“胖五宝宝”。

新中国70华诞，中国航天也走过60余载，在一代代先驱的指引下，航天事业才能有如今的成就。而我，有幸在攻读研究生时就已成为航天事业中的一员。

那年，本科即将毕业的我加入了考研大军，在报考院校时即被航天所吸引，随即选定了北京的航天单位，希望有朝一日成为一名航天骨干。研究生毕业后，我凭借良好的表现得以在原单位任职。

我对航天事业的热情也感染了我的爱人，她在硕士毕业后也选择投身航天。那一年，神舟八号首次实现与天宫一号的交会对接，翻开了新的太空探索篇章。

热衷航天事业的我们在入职后逐渐由新人成长为熟手，越发忙碌的工作状态也成为习惯。有时，我们在单位遇到都顾不及说一句话，只留下匆匆的背影。回家后，我多少会埋怨两句，“在单位看见我都不说句话。”

她总是说，要在车间和办公室两头跑，时间的确忙不过来。作为科技工作者，不能总盯着报告，产品实际情况要多多关注，即使是女同志，也不能“深藏闺中”。那正是2012年，中国首位女航天员飞上了太空，实现了中国载人航天领域的又一突破。

到了2016年，当我在朋友圈同时分享“长征五号”首飞成功和宝宝诞生的喜讯时，朋友们调侃道，你们家还真是跟航天有缘啊！

时间如梭，之后我们的工作发生了变动，带着女儿“胖五宝宝”迁到了成都。

2018年，我们分别坐在航天科技集团七院七部质量和研发管理部门的办公室里，虽从事着与之前不同的工作，但却延续着一样的精彩和拼搏。

接触航天的这些年，我奉献给航天的是螺丝钉般的贡献，航天给予我的是能力的增长和工作的稳重。我早已不再是当年的青葱模样，尤其是对质量工作有了更深入的了解，对业务管理有了更丰富的经验，逐渐变得“做事有分寸、管理有手段、工作有成效”。

当然，家里的“半边天”也不是吃素的。我们同样为航天事业摸爬滚打奋斗多年，每天回家后的“非密工作交流”也成了我们常见的聊天方式。“知识产权管理是最能有效保护单位知识成果的方式，是单位整体技术前行的保障。”她总说，多看一些书，多学习一些经验，都能为单位技术保护提供些许帮助。

就这样，我们来到成都扎下了新的根，续写着航天路上奋斗的篇章。那一年，嫦娥四号成功登陆月球背面，完成了人类登月的新壮举。

可以说，我的事业、我的生活、我的家庭都是在中国航天的见证下一步步走到今天，我们也一点点见证着航天的辉煌。

身为航天人，我们备感荣耀，荣耀的不是大家眼中“航天”二字的高深莫测，荣耀的是航天赋予我们的伟大的革命使命和数不尽的峥嵘岁月。

如今，共和国已 71 周岁，我的女儿“胖五宝宝”也快 4 岁了。我们愿作“航天螺丝钉”，永远矢志不渝，在这条路上奋进前行。为了“胖五宝宝”的幸福成长，也为了我们能和伟大的航天、伟大的共和国始终同行，为航天事业与祖国的发展添一份力。

岁月中的房屋变迁

◎ 乔红霞

雨停了，我趴在窗台看雨后窗外的景色，一切都是那么清新明亮，几只麻雀飞落在窗台上，轻盈地抖落一身雨水。我端上一碟小黄米，鸟儿安心地在这里觅食。这样的场景勾起了我对家的眷恋。

小时候家里住土坯房，遇上大雨，屋里摆满了接水的盆盆罐罐，屋外下大雨，屋里下小雨。那时没有什么好吃的，但却快乐无比。每当桑葚成熟时，爷爷会找来一张大塑料纸，我们四个孩子每人拽着一角，形成一个凹型大兜子，爷爷在树上用力一摇，黑紫的桑葚下雨般地落入我们事先张好的兜子里。麦黄时节，杏子正好也熟了，我总是第一个爬上树摘杏子给大伙享用。

妈妈喜欢在屋后的院子种上各种花，美人蕉、夜来香、小雏菊……她还在后院搭起鸡舍，养了十几只母鸡贴补家用。果树、家禽、花卉给我的童年留下许多美好记忆。

20 世纪 80 年代初，国家实行农转非政策，我们举家迁到 14 号辋川。第一次住进平房，我兴奋得一晚上没睡着。房子面积虽然只有四十多平方米，但我们很知足，一家人终于可以团聚了。爸爸高兴地购置了第一台黑白电视机，《射雕英雄传》也是从那时走进了我的视野。妈妈依然保持着种菜的习惯，在屋前开辟了一小块荒地，闲暇时种些辣椒、茄子、黄瓜等蔬菜。我们这些贪玩的孩子，夏天会下河逮螃蟹捉小鱼，秋天会爬上后山打板栗摘野果，不亦乐乎。

20 世纪 90 年代，院里响应国家三线军工单位搬迁号召，各单位陆续从山里搬迁到田王地区。我们家分到一套 64 平方米的单元房，从此告别了平房的年代，走出大山来到外面的世界。

随着人们生活水平的不断提高，彩电、电话这些在过去连想都不敢想的“奢侈品”随之走进平常百姓家里。小区的配套设施也日益完善，出门就有医院、银行、学校，彻底解决了职工看病难、子女上学难的后顾之忧。

从平房到高楼，从福利分房到商品房，从“居者有其屋”到“居者优其屋”，住房形态变化折射出了人民生活水平的不断提高。

一颗初心，三代守护

◎ 刘宏宇

提起祖国的西部地区，很多人会想到迷人的自然风景，但是如果告诉你，在 71 年前有一群人携带妻儿来到这里建设航天基地，并且一待就是几十年，你是否会感到不可思议？你是否会敬佩他们？就请听听我们一家的故事吧。

外公：带全家跟随

提起外公，他的那句“毛主席是伟大的人，我们都要跟着毛主席走”的口头禅留给我最深的印象。

我的外公 16 岁就参加革命，并加入中国共产党。之后，他经历了抗日战争、解放战争和抗美援朝战争。解放后，外公听从组织安排投身到国防科技事业的建设中。

1970 年，外公带着一家老小奔赴祖国西部的山沟，开启了他为祖国航天事业奉献一生的征程。母亲经常和我说起那段峥嵘岁月，那时，她和外婆跟随外公来到这个贫穷落后的地方，除了需要面对艰苦创业的难题，还需要面对物资匮乏、人才短缺等问题。

但是外公那代人总会创造“奇迹”，随着时间的变迁，一座新的航天基地在山沟中拔地而起，他们也成为第一代扎根山沟的航天人。

基地最艰苦的头 10 年，外公一直在这里。他和他的同事们在当初荒芜的山沟里建起了初具规模的航天基地，为后续国防科技工业的建设打下了坚实的基础。

为继续守护航天报国的这颗初心，他把接力棒交给了自己的儿女。后来因工作需要，外公最终回北京工作。但他始终没有让自己的孩子回来，他总说：“年轻人就应该在祖国最需要的地方！”

父亲：愿挥戈再驰

1978 年的冬天，18 岁的父亲坐在一辆闷罐车里，摇摇晃晃地从祖国的东边来到大西南，来到了山沟里的这座基地。从此，他一待就是 36 年。36 年的时间里，他参与了每一次重要的任务，见证了很多次伟大的成功，也经历过惨痛的失败。

父亲用行动告诉我，脚踏实地是航天的特质。他从部队考上了大学，上学期间始终名列前茅。回到部队后，父亲兢兢业业，始终把“严、慎、细、实”作为自己工作的准则。他作为一线技术人员多次参与各类试验任务，并担任调度指挥员。只要在任务期间，父亲便由平常一个幽默风趣的人完全转换为不苟言笑的状态。父亲解释说：“航天工作，容不得一点差错。”

走上领导岗位上的父亲更是始终秉承航天精神，更加严格要

求自己。在设备转场和推进剂加注等关键节点，不管严寒酷暑还是风雨雷电，他始终会出现在现场。父亲说：“航天工作，必须万无一失。”

这就是我的父亲。他一步一个脚印，努力耕耘，为这座基地守护了 36 年。

2017 年，当已经退休的父亲看到朱日和大阅兵时，瞬时勾起了他记忆里的那些岁月。作为守护基地 36 年的人、作为为祖国奉献一辈子的人，他激动地写下：祖国若令召唤，挥戈再驰疆场！

我：定不负使命

也正是朱日和大阅兵的这一年，我来到了中国航天科工航天三江 17 所工作。在这里，我的大部分时间是在繁杂的工作中度过。虽然是航天人，我却没有像外公和父亲亲临任务一线，难免有些遗憾。

然而，那年大阅兵促使我理解了“科技强军航天报国”“国家利益高于一切”“敢为人先”等词语的真正含义。

阅兵的那一刻，我的心像被点燃了一样！我明白了，作为新航天人，即便常常埋首事务性的工作，机械而又重复，但我们都是航天事业的一颗颗螺丝钉，谁也不可缺少。

回望初心，我突然明白默默无闻、脚踏实地、为祖国效力，这些正是我从小耳濡目染的真真切切的东西，这些正是外公、父亲对我潜移默化的影响。

祖辈和父辈早已成为我的人生榜样，迷茫时为我照亮前方，沮丧时为我积蓄力量。我会继续守护着这颗闪亮的初心，践行航天报国誓言，接好航天的接力棒。

一家三代人都是祖国航天事业的建设者、见证者、亲历者，我们愿汇聚起自己小家的力量，投身到祖国发展的洪流之中。

71 年前，外公听党指挥，一声令下为祖国建设航天基地；36 年里，父亲不忘初心，一路坚守为航天事业添砖加瓦；现在，我接过接力棒，定不负航天使命！

身着特殊“军装”的航天总师

◎ 陈剑芳 / 唐芳梅

1999年10月1日，在新中国成立50周年盛大阅兵式上，某型号方阵威武雄壮地通过天安门广场。观礼台上，一位精神矍铄、气质不凡的老专家露出了欣慰的笑容。作为总设计师，他牵头研制的型号正在接受国家领导和人民的检阅。那年，他56岁。

2009年10月1日，他亲自抓总的另一型号通过天安门广场，作为航天人，他再次为祖国的国防事业交上一份满意的答卷。那年，他66岁。他就是中国航天科工航天江南总体部某型号总设计师袁运生。

投身三线为航天

1961年6月，袁运生被保送入伍至哈尔滨军事工程学院，

1966年6月退伍。从入伍到退伍，5年时间里，年轻的袁运生成长为一名既具备丰富专业知识理论，又具备军事素养的综合性科研人才。

脱下军装后的袁运生不改初心换上了另一套国防建设的“军装”，1972年他积极响应党的号召，来到黔北高原，成为一名航天战士。而这身特殊的“军装”，他一穿就穿了一辈子。2018年，正式退休后的他，作为型号技术顾问仍然行走在型号一线。

正如他所说：只要有型号，只要国防建设还用得着我，我就留下来，一直干下去……

2011年9月，身体一直硬朗、精力一直充沛的袁运生，从昆明出差回来，却突然感到身体不适，眩晕得厉害，走路使不上力气，腿脚直发抖。

到航天江南医院检查后发现，他的头皮与脑膜之间有大量瘀血，必须手术。但对于是否要手术他还很犹豫，因为他心里想着的还是自己的工作。他担心自己在医院久了，会影响生产型号的进度和型号的质量。

在医院确认必须动手术后，他也只是在术后休息不到一个月就又投入到了工作中。

即使年逾古稀，袁运生依旧有一种“剪不断”的航天情结。在航天江南工作的几十年里，他一直以饱满的精神、进取的态度、严谨的作风，先后参与、组织完成了3个国家重点型号的研制工作，其总体设计分别获得国家级、省部级奖项，并先后亮相新中国成立50周年、60周年阅兵盛典。

承担使命克时艰

在航天江南发展最艰难的时候，袁运生力主自筹经费，积极组织科研团队，对研制中技术难度大的几十个项目进行攻关。

为了加速研制进度，他身先士卒，主动放弃所有的节假日和休息时间，超常规、超负荷地工作，他每年平均加班近千小时。各阶段试验，他总在现场，每次去试验场，少则两三个月，多则半年。

2005 年 2 月，试验获得圆满成功，受到了客户和集团公司领导的高度赞扬。大年初一，试验队员乘坐专机返黔。在机场欢迎仪式上，客户大力称赞：航天江南的同志们在 100 分的试卷上做出了 120 分的成绩！

该型号研制圆满成功，开创了当年设计定型当年批产的先河，创造了多项新纪录，先后荣获国防科技进步奖一等奖、国家科学技术进步奖二等奖。

“刨根问底”育新人

“航天产品必须万无一失，绝不允许有任何的失误，我们失败不起，要坚决按设计和试验程序办，问题必须彻底归零。”这是袁运生对技术和质量的要求。

参加航天江南和总体部的课题评审会时，他是会上提问最多的人，也最有权威，有时评审会好像变成了专题知识讲座。

在年轻技术科技人员眼中，袁运生是位爱“刨根问底”的人。他们说他记忆力特别好，有问题请教他，不但当场解惑，过段时间还要追踪过问，直到让你弄明白为止。有时连请教他的人都忘记了，他还记得很清楚。

在他“刨根问底”式的培养下，一些年轻人养成了严谨务实的工作作风，养成了主动学习、系统思考的良好习惯。

老当益壮再立功

10年前，年岁已高的袁运生再次被委以重任，担当起航天江南外贸市场的“开拓者”，先后前往多国进行外贸产品推介和洽谈任务。

2009年，某型号获得了立项，但是外贸工作有着很强的市场性和时间紧迫性，要求2011年必须完成设计鉴定工作。

使命如山。为了尽快交付产品，他一边跑市场，一边进行技术攻关，这个星期在某地，下个星期便又出现在指挥和协调现场，万里奔波，马不停蹄。

最终，袁运生和他所带领的一批技术人员在外贸市场的开拓和型号的研制中都做出了出色的成绩。

服务航天江南的这一生，袁运生为祖国的航天事业作出了不可磨灭的贡献，曾先后荣获国家级科学技术进步奖一等奖1次、二等奖2次，部级科学进步奖一等奖2次。他还被评为首届航天系统离退休人员“老有所为”先进个人、首届“航天科工年度感动人物”。

师徒四代的奋进接力

◎ 钟义杉

曾经，在遵义的西北方向，有一处占地100余亩、总建筑面积10余万平方米的三线厂房。1970年，上海机床齿轮厂工人韩兴华从1800多千米外的上海来到大娄山下，支援三线建设。韩兴华师徒四代的奋进接力故事，就从这里开始……

“我离祖国对我的要求还有差距”

1985年，061基地（航天江南前身）开始研制航天汽车，3247厂（贵州群建精密机械有限公司前身）作为航天系统唯一一家齿轮专业企业接到任务，负责汽车系列变速箱的研制。这项工作由时年40岁的韩兴华牵头负责。

这是国内最早的汽车研发单位之一。在没有经验可借鉴、没有设备可加工、没有手段可测量的情况下，韩兴华只能从零开始。他靠着一点点英文底子翻阅字典，啃下了国外文献资料，摸着石头过河，开始了航天汽车变速器总成的试制工作。终于，经过 4 年攻关，航天汽车实现量产。

20 世纪 90 年代初，韩兴华又在航天汽车的研制基础上，开始了汽车发动机正时齿轮的开发工作。时至今日，汽车发动机正时齿轮都是群建精密发展的重要板块。

“当时，为了做正时齿轮的研发，我们急需一种新型的刀具，但是整个市场上都没有，韩总就自己设计，亲自去重庆和刀具生产厂家反复改进。”当时刚刚进厂不久，如今已经是群建精密技术骨干的王建军回忆起师父韩兴华为了解决研制困难付出的艰辛，敬意油然而生。

径向剃齿刀的成功开发与投产，不仅突破了汽车发动机正时齿轮系开发工作的瓶颈，还引发了剃齿加工技术的改革。这为行业带来了一场大变革。

享受国务院特殊津贴专家待遇的韩兴华曾写道：“我取得的这点成绩和祖国对我的要求相比还差一段距离，我要不断进步，缩小这个距离。”

如今，已过古稀之年的韩兴华被国内多家企业聘为技术顾问，依然在为行业的发展、为祖国航天事业的发展鞠躬尽瘁。

态度决定结果

“干技术没有什么诀窍，就是要多做、多想、多总结。你的工作态度决定了你的工作结果。”王建军领着一拨年轻人在生产线上对工艺方案进行论证，不时地提点着身旁的年轻技术员，只有多到现场才能编制出合适的方案。

1987 年，刚毕业的王建军被分配进入 3247 厂，工作 33 年，王建军身体力行地践行着师父韩兴华当初点点滴滴的教诲。“师父是副总师，每天到公司的第一件事就是去车间，我们怎么好意思在办公室待着呢。”他说，现在自己带徒弟时也以师父为榜样。

从 2002 年开始，群建精密承担了载人航天工程对接机构中共 53 大类 181 个精密齿轮传动部件的研制生产任务。十几年间，王建军作为群建精密高精密齿轮研发团队的核心成员，一直组织并参与“神舟”“天舟”“嫦娥”以及“天宫”相关齿轮零件的研发工作。

工作至今，王建军已取得授权专利 11 项、发明专利 3 项。“做得多说得少”是熟悉王建军的人对他的一致评价，而他自己说这是工作性质使然，干技术工作一辈子，就是要沉得下心、耐得住寂寞。

未来，竭尽全力接好这一棒

2018 年 12 月，全国小模数齿轮技术研讨会在深圳召开。王建军作为全国范围内评选出的 4 名专家之一，上台接受“小模数齿轮专业领域突出贡献奖”表彰，台下坐着的龙见炳用手机为师父记录下了这一时刻。王建军的徒弟贺志斌撰写的论文也在会上获奖。

贺志斌和龙见炳大学毕业后，先后于 2006 年、2007 年进入群建精密从事技术工作。10 余年的磨练与成长，他们双双入选贵州省高层次创新人才库，龙见炳被评为全国机械行业劳动模范，贺志斌取得授权专利 13 项，其中发明专利 2 项。如今的他们已经独当一面、勇挑重任。

2017 年，龙见炳组织研发的高精密谐波减速器，经过多年和多型号的产品应用，已在群建精密批量生产，这打破了谐波减速器长期被国外生产厂商垄断的局面。

2020 年，贺志斌主持参与的项目将进入发射阶段。虽然项目已经收尾，但贺志斌一刻也不敢松懈。过后，贺志斌说：“我对这个项目的付出，比对我小孩的付出还要多。”

这句小小的调侃，令身边的黄家洪和刘浪觉得十分意外。在徒弟黄家洪和刘浪的印象中，师父一向不苟言笑。“师父总是严肃地叮嘱：技术工作就是要谨慎、谨慎再谨慎，容不得一点马虎。”他们说。

黄家洪和刘浪 2015 年、2016 年先后进入群建精密。作为年轻技术员，他们认真踏实跟着师父一起做项目，不断地磨练自己的现场能力、动手能力和思考能力。未来，他们将全力接好这一棒。

一份事业　三代守护

◎ 成　楠

“红光沟”在每个 067 基地（航天科技集团六院前身）人的心目中，绝不仅仅是一个地名，它还是一种难以割舍的情怀、一份挥之不去的牵挂，它是许多人倾注青春、热血乃至生命的代名词。

50 多年前，一群有志青年从北京、上海来到这里，钻进这偏远的深山。他们远离家乡、远离父母，在红光沟落地生根。待到走出大山时，青年已是年过花甲满头白发。他们在这里研制出的液体火箭发动机，为我国“两弹一星”、载人航天等国家重大工程提供了稳妥可靠的动力，开创了我国航天动力事业的新纪元。

带着一颗重温旧梦的心，姜文的车沿宝成公路，向秦岭腹地进发，翻过秦岭梁，一路来到了久违的红光沟。

凤县 =“奉献”

1965 年的一个清晨，一辆列车停靠在凤州车站。姜文的爷爷姜福来作为实地踏勘工作组的一员，第一次踏上了红光沟的土地。

当时，姜爷爷和另一名同志负责工业区和生活区的选址工作。每天早上，两个人背上几个凉馒头、咸菜和一壶水，便从龙口出发徒步进沟，沿途观察比较，有时还会爬到山顶观察四周的地形。到了中午，他们就找个避风的地方，啃一口凉馒头，就一口咸菜，咕咚咕咚喝几口凉白开下去，那可真是透心凉呀！每天一来一回 40 千米路，连续几天的跋山涉水，脚上便是水泡连水泡。

总算是功夫不负有心人。1965 年 8 月随着鞭炮、锣鼓声的响起，开工建设拉开序幕，筹建处机关也搬到了马鞍山河南路边的草棚内办公和食宿。

在草棚里，夏天时白天热得似蒸笼，晚上冷得要盖棉被。到了冬天，盆里的水都能结冰，人们个个冻得当“团长”，全身哆嗦，牙齿打架，但大家全然不顾，尽管晚上睡不好，第二天仍照常工作。除了完成本职工作外，筹建处的同志每周要到工地劳动 3 天，与工人一起劳动。

经过 8 个月的奋战，厂房陆续交付竣工。这是姜爷爷最常讲的一段故事。他经常挂在嘴边的就是：“067 选址凤县，就意味着我们要为三线建设奉献青春、奉献热血！”姜福来的经历，见证了红光沟的发展历程，见证了红光沟的艰苦创业、发展壮大，也见证了三线的创业、搬迁和发展。

平凡的坚守

姜文的父母都是“航二代”，也都继承了上一辈的事业。20世纪80年代正处于航天科研攻关的艰难阶段，父母整天忙工作，放学后姜文就自觉地到父亲办公室报到，等到父亲忙完想起他时，小姜文已经饿得前胸贴后背了。

母亲的工作地点在龙口，每周只能回家一次。那时，小姜文最盼望的是周末一家三口能团聚，但如果周末赶上父母值班或者有任务，经常一个月一家人都凑不齐。

2000年，这一年姜文读高三。别的同学都有家长陪学、辅导、送营养餐，而那时，发射任务日趋繁忙，父亲所在的保卫处押运任务也越发频繁，往往一出差就是一两个月；母亲虽然在后勤保障部门，但工作也并不轻松，于是他又过上了在爷爷家混两顿饭、在姥爷家蹭三顿饭的日子。

奋斗的新时代

父母是孩子最好的老师。父母为了航天事业公而忘私、牺牲小我的精神，在姜文的心里打下了深深烙印。

2011年是姜文“北漂”的第十个年头。站在人生的十字路口，他毅然作出选择——回西安，因为那里有一家人热爱的液体动力事业。

近年来，随着六院11所科研任务高密度常态化快速发展，姜文所在的信息中心作为科研生产信息化保障部门正发挥着重要的作用。

2014 年年底，他接到任务，要在两个月内完成综合管控平台和网上报销系统两个全新系统的上线。他压力很大，如果不能按时完成任务，两个系统要耽搁一年时间才能上线。

他带领着 5 位软件公司工程师在两个月的时间内完成了需求分析、方案设计、功能开发、系统部署、测试等工作，平台如期上线。

当他以为终于可以喘口气的时候，才知道由于新软件上线，功能调整、使用培训、进度协调等诸多问题接踵而至，这使得他的电话一度变成了热线，曾经半天接了 46 个电话的最高纪录，让他至今难忘。

砥砺奋进未觉苦，攻坚克难久为功。从爷爷的奠基建设到父辈的后勤保障再到自己的信息辅助，姜文一家三代人传承的不仅是事业，还有认真工作的态度和严慎细实的工作作风。他们的家庭见证了新中国航天事业从积弱到富强的历史变迁，他们是千万个航天家庭的缩影。也正是一个个这样的家庭，将建设航天强国的接力棒代代相传，共同守护着心中那一幕绚丽的航天梦。

诗里行间的爱国情

——记爱国民族工商业企业家、全国人大常委会原副委员长胡厥文

◎ 范文超

他曾是决心终生以实业救国为己任的壮志青年；他曾是放言“虽不会打枪开炮，却可以造枪炮”的“机械之友”；他曾是年届半百还要去“从政”的民主建国会创办者；他曾是用6个日夜实现在沪数百个行业“公私合营”的推动者……他就是著名爱国民族工商业企业家、全国人大常委会原副委员长胡厥文。那段烽火燃烧的岁月里，他用诗敲响时代奏鸣、以实业救国之志演绎历史变迁。

一不做官，二不执教

1921 年，胡厥文在唐山路的石库门里筹建起了自己的第一家企业——新民机器厂（航天科技集团八院 149 厂前身）。受辛亥革命影响，他立志：一不做官，二不执教。

年仅 26 岁的胡厥文不惜把祖传的土地悉数变卖，加上亲友的资助，才得以在上海虹口购地兴建起自己的厂房，创办自己的机械厂。他深知机械工业能够为其他工业的发展提供基础装备，称得上是“一切工业的工业”。当被问及“新民”二字的含义时，他曾用“走一条兴实业、利民强国的新路”来解释。

创办之初，新民机器厂为纱厂维修机器、生产零件，却受同行刁难。因此，胡厥文决心设计和制造机器。新民机器厂制造出我国第一部性能良好的彩色油墨机、性能优于外国的大型立式锯木机……一系列产品填补了国内空白，有力推动多个领域工业快速发展，提高了国货信誉。

如醉痴，须髯长

转眼间，到了 1931 年，“九一八”事变轰动全国。次年，“一·二八”淞沪抗战打响在上海闸北、江湾、吴淞等地，驻沪的蔡廷锴率领十九路军奋起抗击。

胡厥文得知后，立即与十九路军七十八师的翁照恒旅长取得联系。他团结同行，动员组织起几十家企业拆迁机器到沪南建立临时工厂。他说：“虽不会打枪开炮，却可以造枪炮。”

从 1937 年 7 月 7 日“卢沟桥事变”，到 1945 年 8 月日本宣布无条件投降，胡厥文组织工厂内迁，支援抗战，日夜赶制手榴弹、炮弹、地雷、水雷，甚至“计划炸出云舰”。

其间，他废寝忘食，无暇顾及理发、剃胡须，以至于满腮胡须，有人问他，是不是要做“美髯公”。37 岁的胡厥文用手一捋长髯，回答：“蓄之以记国难，等赶走了倭寇时再剃须。”

抗战胜利后，胡厥文在剃须前后特意拍摄了“二我”照——剃须前后的胡厥文如父如子、似兄似弟。他在照片上题字“抗战胜利，父子昆季，勿怠勿忘，岂以为戏”，记录自己“未遂倭奴，不容除剃”的夙愿和迎来的胜利。

悠悠建国想，和泪吊苍生

抗战胜利后，国民党政府下令取消政府同民营工厂的合同，工厂停业，工人的生活失去了依靠。胡厥文疾呼：“决不能看内迁工厂一个一个地消失，艰苦奋斗的工人一个一个地失业，有功抗战的资本一笔一笔地耗损，热爱祖国的情绪一天一天地消沉。”

1945 年 8 月 21 日下午，胡厥文、黄炎培和杨卫东 3 人在谈及国家未来发展时一致认为，民族工业界不能只埋头搞实业，他们还必须有一个属于自己的政党。胡厥文提出：“必须联合社会上对政治研究有素的高明人士共同参与。”

12 月，他面对动荡的时局写下《伤时》：“大厦已垂倾，茕茕朝野情。坐谈夸胜利，默武说和平。愁绝思乡里，伤心乱伪真。悠悠建国想，和泪吊苍生。”12 月 16 日下午，民主建国会成立大会在重庆白象街西南实业大厦举行，会议推举胡厥文、黄炎培、黄墨涵为主席团成员。一个与中国共产党密切合作的政治团体诞生了。

新国光芒千万丈，何愁蜀道上青天

1949 年，刚刚解放的上海市场萧条，胡厥文在 5 月 27 日联合上海的工商业者在《商报》上发表《我们要立即复工复业，尽我们应尽的责任——上海市工商界人士宣言》，提出要以“发展生产、繁荣经济、公私兼顾、劳资两利”为原则，在新中国的经济建设中发挥作用。

当五星红旗在天安门广场上冉冉升起，胡厥文和政协全体代表站在天安门城楼上，参加了中华人民共和国的开国大典，心潮澎湃。不久后，他在三弟胡叔常的画上题诗：“秋山红叶斗霜妍，锦绣江程意洒然。新国光芒千万丈，何愁蜀道上青天。巫峡云何在？啼猿谁则闻？钟声帆影丽，晓旭靖妖氛。”

第一个五年计划期间，新民机器厂主动承担官厅水库、密云水库、十三陵水库和福建上猫水库等大型重闸门启闭机的生产任务，得到国家嘉奖。

1956 年 8 月，上海市政协组织西北建设事业参观团赴兰州、西安、郑州、洛阳等地参观，实地了解第一个五年计划的成就。胡厥文感慨道：“这次西北之行，给我莫大的鼓舞，这些新的建设规模之大、进展之速、技术之精，都十倍、百倍地超过我原来的设想，贫穷与落后已成为过去。回想当时讨论第一个五年计划还是纸上的，这一次的参观都见诸事实，展望无穷，异常兴奋，共产党的领导正确，功高千古盖可见也。”

新民机器厂于 1958 年迁往闵行新厂，成为以生产动力机械设备为主的机械工厂，并于 1961 年根据国防部五院和上海市委的决定改组成立上海新民机器厂；1980 年与上海新中华机器厂合并为上海新中华机器厂，承担运载火箭、武器地面系统产品的研制生产和总装任务……这便是 149 厂的前身。经多年发展，如今的 149 厂业务涉及“弹、箭、星、船”等各个领域，核心制造能力不断提升，为航天事业的发展作出突出贡献。

江天沟的“伙夫”和“羊倌”们

◎ 梁　燕

江天沟没有江，只有一条时断时续的小水沟。周边散落着的那几栋以“石打垒”为主的建筑物，便是066基地设计所最早的所在地。

设计所进驻初期，整个国家经济都很困难，江天沟每人每月只给供应28斤粮、3两肉、3两油。许多还没来得及转户口的同志连这点待遇都没有。于是，大家只好自己铺设水管、开荒种地、养殖牲畜，先解决基本的生活问题。

山区的冬天说来就来。有一天晚上气温突降，紧接着又下起了大雪，自来水管也冻裂了。江天沟断水了，负责管理食堂的周士坤、张洪明、辜新生等3位同志便四处去寻找水源。

可是，仅有的那条小水沟在冬天来临前就断流了。好容易找到几个小水坑，但水却浑浊得像黄泥汤。“估计是附近老乡的牛踩出的牛脚印。”三人自嘲一番，又继续寻找。

突然，他们仨眼睛同时亮了起来。只见远处一股亮晶晶的水流仿佛从天际飘来，沿山岩峭壁飞流直下，形成飞瀑，最后飘飘洒洒落入山脚下的一池清水中。“水、水、水……”三个人异口同声地叫着，飞快地跑过去，有一位同志兴奋地用手捧起来连喝几口，还直呼：“好干净、好甜的水啊！”

很快，长期从事科研工作形成的缜密思维让他们冷静下来。经过一番仔细观察，他们发现那道美丽的飞瀑是从山上另一个三线厂的下水道里流出来的。他们来不及做更多联想，只是感觉一阵遗憾袭上心头。

后来实在没有办法了，他们只好去收集大量的雪，然后化成水饮用、做饭。就这样，硬是整整坚持了一周时间。可大家并不以为苦，还时不时调侃：“总比某位同志喝下水道的水强多啦。”

天寒地冻的天气让三位“伙夫”吃尽苦头，同时也让“羊倌”姜一鸣和李修元有了一次难忘的经历。

他们是两名新来的大学生，被领导安排专门养羊。在他们的精心喂养下，50 多只羊个个膘肥体壮。

这天下午，小姜和小李像往常一样正在山上放羊。突然，怒吼着的狂风席卷着雪花漫天飞舞而来，瞬间便迷了人眼。羊群被骤然而至的狂风暴雪吓得四处乱窜。

小姜和小李一边揉着眼睛，一边急忙拢住羊群往回赶。经过一场大战，两人几乎是拼了命才把羊群赶回羊圈。到了羊圈，他们赶紧清点，发现还是少了两只羊。领导听到汇报后，一声号召，让在家有空的同志马上出发上山。大家三个一群五个一伙，立刻漫山遍野去寻找。

当天，羊没有被找到。第二天，大家又接着去找。谁知，一行人刚走到一个小山村的村口，便赫然看到地上有两个血淋淋的羊头。小姜和小李一眼就认出这是自己丢失的两只羊的头，心疼得眼泪直往下流。

伴随着阵阵欢声笑语，一股股浓郁的羊肉特有的膻香味从村里几户农舍飘出。只见晒谷场上，一群孩子欢天喜地追逐嬉闹着，嘴里还不时嚷着："过年喽，吃羊肉啦……"

"你们来得太巧了，我们刚在山上打到两只山羊，你们也一块儿来吃吧。"见到熟人来了，村里的生产队长立刻高兴地迎了上来。

小山村清苦，深山里尽管野味多，但村民忌惮猛兽，轻易不敢进山。意外猎到"山羊"让村民们难得开次荤腥，这香喷喷的羊肉是他们逢年过节都很难吃上的美味佳肴。看到眼前的情景，设计所的同志怎么也不忍心说出实情。大家悄悄交换了一下眼神，转身离开了。

看到留不住客人，生产队长带着淳朴的村民把设计所的同志送到村口。那时的他们怎么也不会想到，这群朴素和气的"伙夫""羊倌"们就从这小山沟起步，研制出了填补国家空白的国防高科技尖端产品，并浩浩荡荡通过天安门广场，接受全国人民的检阅。

航天布衣院长的陈年往事

◎ 介玉洁

我国航天事业培养和塑造了一大批功勋卓越、德高望重的航天专家。他们理论功底深厚，技术水平高超，引领着航天科学技术创新，为中国航天事业的发展作出了卓越的贡献。今天，我为大家讲述两则老专家鲜为人知、令人感动的故事。

冬天里满北京城找西瓜

先讲一段邢球痕院士和一个西瓜的故事。邢老是我国著名航天技术专家、固体火箭发动机领域的开拓者之一。他经历和见证了我国固体火箭发动机事业从无到有、从小到大的发展过程，先后担任航天科技集团四院 41 所所长、四院院长等。

当了院长的邢老，没有“官架子”，依旧平易近人、关心群众，数十年如一日，在四院有口皆碑。

1984 年冬天，四院技术人员鲁祥发因患肝癌晚期而报病危。邢球痕一直关心这位科技人才，多次派人与医院研究抢救方案，并送去安慰和鼓励。但医生终究回天无力，让他们准备后事。

这时，有人告诉邢院长，弥留之际的鲁祥发想吃西瓜。邢院长马上电告在南方出差的同志带个西瓜回来，可惜没有办成。他又找到要去北京出差的项建杏，对他说："你回来的时候，一定要买个西瓜背回来。一定得满足鲁祥发的要求。"项建杏有点犯难："现在可是冬天，天寒地冻，西瓜恐怕不好找。"邢院长不松口："你想想办法，北京很大，应该会找到的。"

项建杏满北京城找西瓜，最后真的买到了。病榻上的鲁祥发吃到这千里之外带回的西瓜，激动地流下了热泪。或许是这西瓜真有神奇的作用，鲁祥发的病情竟有所好转，又顽强地坚持了几年。在鲁祥发看来，这份航天情，不是亲情却胜似亲情。

买西瓜的故事虽然普通，却折射出我们的布衣院长惜才如子、把普通职工的冷暖记心头的大爱情怀。

发动机"坐轿子"过河

第二位航天专家是曾任四院副院长阮崇智的故事。阮崇智投身于我国固体推进事业近 50 年。50 年来，他兢兢业业，刻苦钻研，建树了卓越业绩，是固体领域一位享有盛誉的技术专家。

1962 年 6 月，阮崇智与协作厂方人员一起研制复合推进剂直径 300 毫米发动机。那时，试验条件差、试验环境恶劣，阮崇智作为工程组长，积极发挥模范带头作用。没有工装，自己动手加工；没有设备，自己动手制造；粮食不够吃，大家勒紧裤带过日子。即便条件如此艰苦，试验室还经常灯火通明到深夜。大伙克服一切困难，很快就把发动机研制出来。

试车时，难题又出现了。试车地点选在了一条小河边，背后是屹立的终南山，前面隔着一条河，装填 97 千克推进剂的发动机怎么过去？

阮崇智找来绳索、木杠，绑成架子，发动机被大家安安全全地“请”到“轿子”里，众人抬着发动机小心翼翼地过河。

河水浸透了所有人的鞋和裤子，而发动机却滴水未浸。众人肩扛手拉，把发动机安然无恙运到了距离厂区 8 千米外的实验台上。

那一回，试车取得了首次成功。阮崇智和他的队友们以常人难以想象的坚强意志，在大山下“站稳了脚”，创建起固体火箭发动机研制基地。

在中国航天事业的发展道路上，这些航天专家们坚定的理想信念和无私的仁爱精神吸引着、鼓舞着一代代年轻人投身航天、报效祖国。航天事业的光辉轨迹中，浸透着老一辈航天人的无悔人生。他们是航天人的骄傲，是我们学习的榜样。

三人行　航天情

◎ 罗咏梅

中国航天的历史，是从 1956 年开始的。60 余年来，无数优秀的中华儿女在这面事业的旗帜下凝聚起来，为将中国建设成为世界航天大国、航天强国而奋斗，留下了很多可歌可泣的故事。

在我家，从爷爷到爸爸再到我，都是航天人，有着属于平凡人物的人生点滴。

我爷爷不是本地人。他进厂后当了一阵子的水管工就退休了。当时他的手艺和人品都很受周围职工群众欢迎的，下班后也常常有邻居、朋友来家找他帮忙。在爷爷的影响下，我父亲于 1970 年以“知青”的身份进厂当了一名车工。

当时由校办实习厂改建而成的厂房十分简陋。在旷野中，厂房的泥土墙上净是“大洞小眼”，有些地方甚至是用竹条编成的，里面只有几台老掉牙的铣床，没有测试专用设备，也没有懂得航天火工技术的专业人才。职工中除了校办厂留下的教师外，就是刚进厂的知青和退伍军人，很多人根本不知道火工品为何物。

后来，工厂将预研“防静电、防射频”的第二代火工品作为发展方向，使像我父亲这样从小到大做着航天梦的青年工人看到了圆梦的曙光。

当时，父亲承担壳体和特形螺母的生产任务。这两样产品，依现在的技术水平是“小菜一碟”，但在当时却是“硬骨头一块”。要加工出这样的产品，对刚出师的父亲来说是个挑战。那时，父亲反复摸索、试验，完全沉浸在了工作中，车间成了他“第二个家”。当产品生产出来时，父亲也因肺结核病住进了医院。20 世纪 70 年代末，随着企业型号任务的增多，检验工作更加繁忙，用户对产品质量的要求也日趋严格。已经成为技术骨干的父亲从车工组调到检验组担任组长。他将生命中最灿烂、宝贵的 17 年，默默地献给了检验台上那盏盏台灯、把把卡尺、张张产品合格证。

作为一名航天人，父亲有着强烈的责任心。一次，在一型号产品壳体的首件交验过程中，父亲发现，因描图时将一根尺寸线描长了，使产品内孔深度尺寸与外台阶尺寸混在一起，操作人员加工时有可能把内孔尺寸加工成了外台阶尺寸，造成产品报废。由于他的及时发现，企业挽回了数万元的损失。

父亲扎根航天 34 年，从翩翩少年到两鬓染霜，企业也由一个校改厂成为系统内外知名的火工品专业公司。中国航天事业从无到有、从小到大、从弱到强，每一步的背后，都有无数像我父亲这样的航天人无私付出。1998 年，我大学毕业，当时我学习的是新闻专业，不少同学都去了报社、电视台、高校等就业，在爸爸的坚持下，我也成了一名航天人。

岁月匆匆，我从“小罗”变成了“罗姐”，同时向“罗老师”迈进。“大国工匠”杨尹渝、“神舟女杰”张小英、“超人”黄祖银、

"冲壳子"刘勇，全国质量信得过班组、特色文化示范点……这些经常出现在我镜头笔墨下的他们，既是我的同事、朋友，更是我人生之路的同行者。如今，我和他们的故事还在延续。

延续三代的航天情，其实仅仅是一个开始。中国航天，凝聚了全体中华儿女"直上重霄九""银河濯我足"的豪迈，提供了中华民族屹立于世界民族之林的底气，是所有中华儿女永远的牵挂。

当广播员的日子

◎ 屈娟勃

我是工厂的最后一任广播员。2000 年我进厂工作，成为一名广播员。广播站位于山里四合院二楼西头的套间里，不到 10 平方米，配置着广播扩大机、老式唱片机和录放音卡座等，外设高音喇叭，铺设了绝缘木地板，安装了两道门用于隔音。房间里阴暗僻静。近 5 年里，这里成了我一个人的舞台。

“你记住，不要出错，你必须对播出去的信息负责。”老同志这样说，这也成了我后来播音出错少的原因。

广播站采取直播和录播的形式进行广播，每天早、中、晚五次。早上 6 点 30 分，广播站会转播中央广播电台的时事新闻；7 点 55 分播出我提前录制好的温馨提示；8 点整，吹响上班号；中午 11 点 45 分播出提前修改好的基层来稿，是我一天最忙碌的时候。

一开始，我总拿捏不准语速、语调，还得克服声音稚嫩、断句不准的问题，往往要提前一个小时就去录制。好在扎实的语文功底和标准的普通话助了我一臂之力，慢慢地，我倒也自学成才，工作像模像样、有声有色起来。

最令我紧张的是临时加入紧急通知。那时必须直播，手动预热扩音机，播音时不仅要无误、清晰、准确，还要把握员工正在下班路上能听到播音的最佳时间，立即更换磁带，选取备用带，将每盘磁带录制的内容牢记在心。这种状况也着实锻炼人，从手忙脚乱到沉稳应对，这大大提升了我的工作能力。

17 点 45 分，最后一次广播按时响起时，我一天的播音工作就结束了。

为了让职工们在下班途中听到新榜歌曲，我周末会去西安音像店采购新发行的磁带，选出好听的歌录制到一起，让大家短时间内欣赏到多种音乐。现在我的柜子里还有很多那个年代的磁带，只是已经快成古董了。

山里的老厂区有五道沟，各车间就坐落在这些沟壑里，每隔一段就会架设一个高音喇叭。

因为线路长、点多面广、风吹日晒，广播线路常出现故障。七车间的钟苏宁、苏桂芳等师傅已经习惯于接到我的电话了。不论什么时间，他们总是不厌其烦地来排查故障，外线组的同志更是常要爬到电线杆上解决线路和喇叭的问题，几年下来，几乎把广播线路修了个遍。

早上醒来先竖着耳朵听广播响了没有，成了我生活中的重头戏。到后来，我练就了每天早上可以和广播一起醒来，听到它正常响了，还能再睡个回笼觉。

为了广播，我可没少受罪。有一次晚上快 11 点，突然狂风暴雨，厂区一下子停电了，我心里特别着急，因为突然停电后广播室里机器就全部停止工作，一旦来电扩音机会自动启动，时间长了会烧坏电容管，广播就会瘫痪，影响第二天播音。

“必须去广播室里把电源拔掉，安全第一。”我对自己这样说着，拿着伞出门了。到了马路上，我就后悔了，漆黑一片，伸手不见五指，伞根本就打不住，最笨的就是连手电筒都没有带，在原地足足犹豫了 5 分钟，听着呼呼的风雨声，我被雨水浇了个透心凉。

“既然这是我的工作，就得确保它完好无损。”这样想着，我深一脚浅一脚地摸进了广播室拔掉电源，坐在地板上竟哭了，那会儿的心情至今还记得很清楚：委屈、责任、不满、坚强等交织在一起。2004 年，我怀孕了，我依旧每天为员工们播报新闻、放送歌曲，我的女儿感受着不一样的胎教，以至于她现在口齿伶俐，也成了学校的播音员，也许这也是另一种延续。

在我的青葱岁月里，当广播员的日子给我留下深刻记忆，成为我人生的一笔宝贵财富，我很自豪——我曾是航天科技集团四院 7416 厂的一名广播员。

后 记

2019年夏天，中国航天报社组织策划了“共和国航天往事——庆祝新中国成立70周年大型系列主题报道”。从7月至10月，报社先后派出22个报道组，在航天两大集团公司有关单位的大力支持下，寻访了近百位亲历者，查阅大量档案、资料，在《中国航天报》及微信等新媒体上陆续刊登了22篇整版专题报道，共计近10万字，同时还刊发图片百余幅。

共和国航天往事系列报道通过传统媒体与新媒体等多渠道实现全方位、立体化、全媒体式的传播，受到广大读者特别是航天科研人员的高度评价，在航天系统内外引发强烈反响。

为了能够让更多的航天人了解那如歌岁月中一个个鲜为人知的故事，在这些报道的基础上，我们还征集遴选了一批航天人的回忆文章。他们的故事珍贵而独特，他们的讲述生动而感人。

由于年代久远，以及编者经验不足，书中相关信息或有谬误之处，敬请广大读者批评指正。